래디컬 투게더

Radical Together

래디컬 투게더

지은이 | 데이비드 플랫
옮긴이 | 최종훈
초판 발행 | 2012. 9. 17
33쇄 발행 | 2023. 8. 4
등록번호 | 제1988-000080호
등록된 곳 | 서울특별시 용산구 서빙고로65길 38
발행처 | 사단법인 두란노서원
영업부 | 02)2078-3333 FAX | 080-749-3705
출판부 | 02)2078-3332
책값은 뒤표지에 있습니다.
ISBN 978-89-531-1796-9 03230

독자의 의견을 기다립니다.
tpress@duranno.com   http://www.duranno.com

두란노서원은 바울 사도가 3차 전도 여행 때 에베소에서 성령 받은 제자들을 따로 세워 하나님의 말씀으로 양육
하던 장소입니다. 사도행전 19장 8-20절의 정신에 따라 첫째 목회자를 돕는 사역과 평신도를 훈련시키는 사역,
둘째 세계선교(TIM)와 문서선교(단행본·잡지) 사역, 셋째 예수문화 및 경배와 찬양 사역, 그리고 가정·상담 사역 등을
감당하고 있습니다. 1980년 12월 22일에 창립된 두란노서원은 주님 오실 때까지 이 사역들을 계속할 것입니다.

래디컬 투게더

데이비드 플랫 지음 | 최종훈 옮김

두란노

데이비드 플랫 지음 | 최종훈 옮김

이런 책을 기다렸다!

'교회 안에서 믿는 사람끼리 지지고 볶는 단계에 머무를 것인가. 아니면 "모든 민족에게 복음을 전하라"는 예수님의 명령에 인생을 걸 것인가?' 교회는 퍼포먼스 구경꾼을 양산해 내는 일에서 벗어나 성도들을 그리스도의 군사로 서게 할 사명이 있다. 교회 사역의 방향을 재점검하고 믿지 않는 영혼을 향한 급박한 마음을 회복시킬 최고의 책이다.

권준 _시애틀형제교회 담임목사

데이비드 플랫의 「래디컬」을 읽고 그 내용이 무모하다고 생각하는 사람들에게는 이 책을 권하지 않는다. 예수님의 복음이 지닌 급진성, 그 은혜의 강력함, 그리고 그 사랑에 대한 '개인적인' 감격이 없다면, 이 '래디컬'한 삶을 '함께' 살아가는 것은 너무도 비현실적인 얘기이기 때문이다. 「래디컬 투게더」는 바로 그렇게 주님을 따르는 사람들의, 그리고 그들을 위한 이야기이다. 슬프게도 우리 한국 교회에게는 거북한 이야기이다. 적지 않은 한국 교회가 추구하고 있는 방향과 급진적으로(래디컬하게) 반대 방향을 제시하기 때문이다. 어쩌면 몇몇 교회에서는 금기시 되거나 불온서적이 될지 모르겠다. 하지만 하나님 나라 복음의 급진성을 깨닫는 사람들이 늘어나, 대부분의 한국 교회가 이 책을 필독서로 지정하는 날이 반드시 오고야 말 것이다.

김형국 _나들목교회 대표목사, 「교회를 꿈꾼다」 저자

이 책은 한국 교회와 성도들에게 적극적으로 제자 삼는 것과 제자로 살아가는 것이 어떤 것인지를 실제적으로 보여 준다. 성경에서 그 뿌리와 기초를 확인하면서 하나님의 비전을 품고 하나님 나라에 헌신하며 사는 것이 무엇인지를 생생하게 전해주고 있다. 책장을 넘길수록 과연 하나님의 백성으로 사는 것이 무엇인지 구체적인 도움을 받을 것이다.

손인웅 _덕수교회 담임목사, 한국기독교목회자협의회 명예회장

책 제목이 도전하는 것과 같이 「래디컬 투게더」는 제자 한 개인을 넘어 공동체로서의 교회에게 성공 신화로부터 근본적으로 방향을 선회할 것을 매우 생동감 있는 필체로 촉구한다. 인간 논리와 철학이 아니라 복음에 근거한 혁신적 교회의 롤모델을 찾기 원한다면, 「래디컬 투게더」에서 해답을 발견하리라 확신한다.

송태근 _삼일교회 담임목사

브룩힐즈교회 데이비드 플랫 목사에게서 우리가 받는 충격은 실험 정신이다. 성경의 진리를 과연 현실에 그대로 적용할 수 있는지 끊임없이 도전하고 살아보고 입증하는 것이다. 여기에 그의 책이 주는 강력한 영향력이 있다. 전작 「래디컬」은 그리스도인들이 얼마든지 본질적 신앙을 회복할 수 있음을 보여 주었고, 이번 책은 교회가 본질적 모습을 회복할 수 있음을 실제 목회 현장을 통해 증거한다. "정말 이런 교회 다니고 싶다! 이런 교회가 가능하구나! 성도들이 하나도 될 수 있구나!" 하는 흥분을 안겨 줄 것이다.

유기성 _선한목자교회 담임목사

데이비드 플랫은 나와 같은 교단에 속한 복음적이고 보수적인 신앙 고백을 지닌 목회자이다. 그러나 그의 목회와 설교에 대한 접근 방법은 문자 그대로 래디컬하다. 그는 래디컬한 예언자적 목소리로 세속화 되는 미국 교회를 흔들어 깨우고 있다. 이제 한 개인의 래디컬한 결단에서 더 나아가 래디컬한 공동체를 일으켜야 한다고 말한다. 그의 목소리를 따라가다 보면 어느새 래디컬한 순종을 결단하지 않고는 견디지 못할 것이다. 이 책을 손에 잡는 이들은 이전 삶으로 돌아가기 어려울 것이다. 이 위험천만한 책이 한국 교회의 희망이 되기를 기도하며, 흥분된 마음으로 추천한다.

이동원 _지구촌교회 원로목사, 국제 코스타 이사장

2005년 8월 뉴올리언스에 밀어닥친 허리케인 카타리나가 데이비드 플랫 목사의 집을 물속에 잠기게 했다. 플랫 목사는 모든 것을 잃었다. 그 사건은 그를 래디컬한 하나님의 사람으로 만들었고, 그는 그 과정을 담아 혁명적인 책 「래디컬」을 써서 영적 허리케인을 일으켰다.

이번 「래디컬 투게더」는 과연 일본에 불어닥친 쓰나미보다 더 강력하다. 안 죽고 살아서 다행이다. 「래디컬」이 구약이었다면 「래디컬 투게더」는 신약이다. 저자는 자신이 없으면 빛나는 복음서인 '야고보서'를 읽지 말라고 한다. 나는 그리스도를 사랑할 마음이 없는 자는 이 책을 읽지 말라고 권하고 싶다. 이 책은 뼛속까지 송곳으로 아프게 찔렀다. 두렵게 만들었고 결국 그렇게 살아야겠다는 결심을 하게 했다.

모든 그리스도인들이 의무적으로 읽으면 좋겠다. "영적 혁명을 사모하는 자들이여, 이 책을 읽으십시오!"라고 말하고 싶다. 추천하는 것을 넘어 강요하여 억지로라도 읽히고 싶다. 분명 새롭게 하는 역사가 있을 것이다. 이런 일이 일어나지 않는다면 당신이 그리스도인인가를 의심해야 할 것이다.

이재환 _컴미션 국제 대표, 온누리교회 Acts29 비전빌리지 원장

이 책이 왜 도전과 감동을 줄까? 바로 데이비드 플랫과 그 성도들이 '함께' 래디컬한 순종을 하고 있기 때문일 것이다. 그들이 일으키는 작은 래디컬 순종에 도전과 용기를 얻는다. 누구보다 교회를 사랑하는 한국 교회 성도들이 바로 이렇게 살고 싶어 하기 때문이다. 하나님을 향한 저자의 뜨거운

래디컬 투게더

마음이 브룩힐즈교회 성도들과 함께 이룬 래디컬한 공동체의 모습이 귀감이 되었으면 한다. 일상의 지루함, 자기만족, 끝없는 오락에만 빠져 있는 교회 청년들의 마음을 일으켜 세우고, 의미와 목적이 있는 새로운 삶을 시작하고 싶은 사람들에게 강렬한 지침이 될 것이다. 삶과 사역에 있어 이보다 더 좋은 지침서가 있을까?

이찬수 _분당우리교회 담임목사

「래디컬」을 읽고 나서 하루빨리 이 젊은 목회자, 데이비드 플랫을 만나서 깊은 인터뷰를 하고 싶었다. 그러면 우리가 잃었던 무언가를 회복시켜 줄 수 있다고 생각했기 때문이다. 「래디컬」을 읽었든, 읽지 않았든 그의 새로운 책 「래디컬 투게더」를 읽기 바란다. 교회 안에 '좋은 이들'이 하는 '좋은 일들'이 바른 신앙을 위협하는 가장 무서운 적이 될 수 있다는 그의 지적에 깊이 동감한다. 지금 우리에게는 '좋은 일'과 '멋진 교회 일'이 아니라 '주의 일'이 필요하기 때문이다. 우리가 알아야 할 것은 '안철수의 생각'이 아니라 '하나님의 생각'이다. 이 책에는 '하나님의 생각'이 투영되어 있다. 그래서 소중한 책이다.

이태형 _국민일보 선임기자, 「인생에서 가장 소중한 것」·「배부르리라」 저자

'어떻게 하면 한국 교회가 다시 일어설 수 있을까? 이 땅의 교회가 걸어갈 미래를 희망하려면 어디에 지렛대를 놓아야 할까? 무너져 가는 한국 교회

가 거룩한 말씀 앞에 진실하게 다시 설 수 있을까?' 목회하면서 내내 나 자신을 휘어잡던 질문이다. 데이비드 플랫 목사의 고민과 기도, 그리고 거기서 깨달은 것에 온 삶을 던져 행동하는 것을 보며 다시 한 번 확신한다. 말씀이 삶으로 이어지는 것이 길이라는 것을!

지형은 _성락성결교회 담임목사

「래디컬」을 통해 자신의 신앙과 삶을 고민했다면, 「래디컬 투게더」를 통해서는 교회와 공동체의 회복을 고민하게 된다. 한국 교회는 래디컬한 역사가 필요하다. 하나님의 말씀대로 살려고 몸부림치는 성도들의 공동체가 되어야 한다. 거룩을 향해 함께 몸부림치는 래디컬한 공동체로 이 세상을 향해 나아가길 기도한다.

홍민기 _브리지임팩트사역원 대표, 호산나교회 담임목사

이 책은 성경이 가르치고 선포하는 복음을 성도 개인이 살아 낼 뿐 아니라 교회 전체가 그렇게 살기를 촉구하며 격려하는 책이다. 위험부담도 희생도 포기도 없는 막연한 '좋은' 일들과 세상의 성공을 좇는 것을 그치고, 돌이켜 말씀과 복음이 참으로 요구하는 급진적인 삶을 살도록 독려한다. 한국 교회를 회복시키는 하나님의 위대한 역사의 요긴한 도구라 믿기에 이 책을 기쁘게 추천한다.

화종부 _남서울교회 담임목사

「래디컬 투게더」는 정말 사랑스러운 책이다. 부디 한 번씩은 읽어 보길 바란다. 하나님은 데이비드 플랫을 들어 쓰셔서 거룩한 교회에 시급한 개혁을 일으키고 계신다. … 이만큼 신뢰할 만한 교회 지도자가 또 있을까 싶다.
프랜시스 챈 _「지옥은 없다?」 저자

「래디컬 투게더」를 읽으라. 저자를 잘 알고 지내 온 터라 장담하는데, 여기 적힌 데이비드 플랫 목사의 삶과 사역에 틀림없이 매료될 것이다. 좋은 약이 으레 그러하듯 우선은 입에 쓰겠지만 건강을 지키는 데는 그만이다. 개인적으로는 이 책의 메시지가 대부흥을 일으켜서 자기중심적인 사고에 사로잡힌 채 그릇된 길을 가는 수많은 교회들이 그리스도로, 그리고 우리 한 사람 한 사람과 온 세상을 향한 그분의 뜻에 집중하는 올바른 방향으로 돌아서기를 간절히 기도한다.
마크 데버 _워싱턴DC 캐피털힐침례교회 담임목사

「래디컬」은 허다한 그리스도인들을 뒤흔들어서 삶을 재평가하게 만들었다. 이 책도 똑같은 충격을 몰고 올 것이다. 「래디컬 투게더」는 성경에 또렷이 기록된 가르침에 따르라는 분명한 외침이다. 개인적으로는 여기에 담긴 메시지가 수많은 교회들을 움직여서 하나님 말씀에 철저하게 순종하는 급진적인 공동체로 변모시키길 간구한다. 일단 「래디컬 투게더」를 읽고 그 원칙을 좇기 시작한 교회나 그리스도인이라면 웬만해선 과거의 모습으로 되돌

아갈 수 없을 것이다.

톰 S. 라이너 _남침례신학대학교 교회성장대학 학장

물질만능주의 사고가 팽배한 가운데 … 플랫 목사의 글은 현대인의 심금을 울린다.

데이비드 브룩스 _〈뉴욕타임스〉 칼럼니스트

신령한 메시지가 가득해서 종교와 상관없이 모든 독자들에게 감명을 주지만, 사실 「래디컬」은 주로 그리스도인, 그것도 신실한 그리스도인들에게 주는 농익은 신앙생활 매뉴얼에 가깝다. 지은이의 말처럼 '자부심과 자존감과 자신감 신화'에 사로잡혀 있는 이들에게 맞춤한 책이다.

스펜서 베일리 _TheDailyBeast.com

플랫 목사의 시각과 관련해 유념할 점이 있다. 복음주의의 주류 가운데서도 특별히 보수적인 관점에서 현실을 보고 있다는 사실이다.

조나단 메리트 _*The Huffington Post* 칼럼니스트

현대 그리스도인들을 향해 잠에서 깨어나 그릇된 신화의 사슬을 끊고 그리스도를 중심으로 살아가라고 도전하는 책이다.

제이 페로니 _crosswalk.com 공인재무설계사

솔직한 자세와 광범위한 경험을 토대로 데이비드 플랫 목사는 매력적이고 대중적인 작가의 자리에 올랐다. 이 책의 장점을 꼽자면 열 손가락이 모자란다. 만만찮은 훈련을 요구하는 플랫 목사의 외침에 갈채를 보낸다.

케빈 드영 _「우리가 잊어버린 복음」 저자

성경적이면서도 단순하고 놀라우리만치 솔직한 플랫 목사는 1세기 그리스도인들에게 예수님이 가르치셨던 진리를 정확하게 찾아내서 힘 있는 필치로 풀어냈다.

매튜 로빈스 _TheChristianManifesto.com

데이비드 플랫은 이 시대를 사는 모든 그리스도인들에게 당장 정신을 차리라고 도전한다. 성공 신화에 뿌리를 둔 현대의 가치관을 떨쳐 버리고 하나님이 한 사람 한 사람의 삶에 은혜를 베푸셔서 온 세상을 아우르는 목표를 주셨다는 사실을 온 마음을 다해 받아들이라. 그리스도인이라면 누구나 읽어야 할 필독서다.

웨스 스태포드 _국제 컴패션 총재

혼자는 미비하지만 '함께'하면 그 영향력은 막을 수 없다

안데스 산맥 꼭대기 어디쯤, 따가운 햇살을 받은 얼음덩어리 위로 조그만 물방울 하나가 맺힌다. 물방울은 골을 따라 조금씩 아래로 흘러내리다가 차츰 다른 물방울들과 어울려 제법 큰 개울이 된다. 시간이 지날수록 시냇물에는 힘과 속력이 붙는다. 시작은 보잘것없지만 수백 미터를 내려가고 또 수백 킬로미터를 달려가며 덩치를 키운 끝에 마침내 지구상에서 가장 크고 강력한 강, 아마존을 이룬다. 1초에 약 2억 리터씩 대서양에 민물을 쏟아넣는 이 강은 그보다 규모가 작은 강 10개를 합한 것보다 세력이 더 크다.

지난번 책 「래디컬」에서는 성경의 복음이 그리스도인 한 사람한 사람의 삶에 어떤 영향을 미치는지 살펴보았다. 한마디로, 영적으로든 신체적으로든 절박한 결핍 상태에 빠진 세상에서 복음을 받아들이고 하나님을 찬양하며 살아가길 원하는 그리스도인들은 기독교식 성공 신화를 따라가는 데 허비할 시간이 없다는 이야기였다. 위의 아마존 강의 예화를 빌어 설명하자면, 그리스도의 진리가 저마다의 심령을 관통하고 마음과 생각을 녹여서 하나님 앞에 가진 걸 다 내려놓는 여정에 나설 때 어떤 일이 일어나는지 구체적으로 그려 내려고 노력했다.

하지만 '전폭적인 순종'이라는 험산을 혼자 기어올라야 하는 건 아니다. 아마존 강의 예화를 좋아하는 까닭이 거기에 있다. 안데스 산맥 정상에서 굴러 떨어지는 물 한 방울에 담긴 힘은 하잘것 없다. 그리스도인들도 마찬가지다. 제아무리 급진적인 신앙을 가졌다 하더라도 혼자 움직이는 한, 그 영향력은 미미할 수밖에 없다. 그러나 그리스도의 몸을 위해 자신을 내맡긴 지체들이 서로 연합하여 주님 뜻을 성취하는 데 헌신한 교회를 이룬다면, 땅 끝까지 복음이 전파되는 걸 막을 길이 없다.

거룩한 뜻을 위해 일어선 하나님의 백성들

「래디컬 투게더」에서는 그리스도의 혁명적인 주장과 명령을 신앙 공동체에 적용할 때 어떤 역사가 일어나는지, 또는 일어날 수 있는지 더듬어 보려고 한다. 뜻을 모아 세상에서 하나님의 영광을 널리 펼치고, 동시에 교회에서 그분의 은혜를 만끽하는 거룩한 백성들의 힘을 깊이 새겨볼 것이다. 그런 교회에 속한 하나님의 백성들에게는 찬양으로 방방곡곡을 적실 잠재력이 가득하다는 사실을 드러내고 싶다.

이 책은 지역 교회에서 그런 운동에 앞장서거나, 자극을 주거나, 최소한 적극적으로 참여할 준비가 된 그리스도인들에게 전하는 메시지다.

당신은 성경에 소개된 복음을 삶으로 살아 낼 뿐만 아니라 더 나아가 교회 전체가 그렇게 되기를 간절히 소망하는 그리스도의 제자인가? 동료들과 힘을 모아 하나님의 영광을 땅 끝까지 펼치는 사명을 감당하고 싶어 하는 목회자나 전임 사역자, 또는 교회의 여러 부서를 책임지는 담당자인가? 아니면 "하늘이 두 쪽 나도 우리 교회는 이렇게 급진적인 사역에는 관심을 두지 않을 거야!"라는 생각에 지레 포기해 버린 그리스도인인가?

저마다 처지와 형편이 다르겠지만, 새롭고 정직하며 열린 시각을 가지고 하나님 말씀과 그분의 세계에 뛰어들어서 한 가지 질문에 대한 답을 찾아보면 좋겠다.

> 어떻게 하면, 교회 울타리 속에 있는 하나님의 백성들을 일깨워서, 성령 안에서, 하나님 말씀을 가지고, 온 세상에 하나님의 영광을 가득 채우는 일에 참여하게 만들 수 있을까?

질문을 던지기는 하지만 뾰족한 해답을 가지고 있는 건 아니다. 나는 그저 한 교회의 목사일 따름이고 아직도 배워야 할 게 수두룩하다. 그러나 분명한 게 있다. 교회의 리더든 평범한 구성원이든, 서로를 독려하며 그리스도와 그분의 계획을 향해 나가야 한다.

그런데 바로 그 그리스도인들이 무의식적으로, 또는 의도적으로 하나님의 거룩한 뜻이 이뤄지는 걸 가로막을 수 있다는 것 역시 엄연한 사실이다. 스스로 살피고 조심하지 않으면 교회의 다채로운 활동들이 오히려 하나님 나라가 확장되고 진보하는 과정에 걸림돌로 작용할 가능성이 높다.

그러므로 성도들을 복음으로 무장시켜 세상에 내보내기를 꿈꾸는 교회에 몸담기 원하는 그리스도인이라면 기본적으로 알아 두어야 할 개념이 있다.

래디컬 공동체를 위한 6가지 아이디어

이 책의 구성은 그 여섯 가지 개념을 토대로 한다. 그걸로 충분하다거나 완전하다는 얘기는 아니다. 하지만 지역 교회를 기반으로 복음의 참뜻을 살아 내길 원하는 목회자 입장에서 볼 때 반드시 유념해야 할 핵심들이라고 믿는다. 간단히 정리하자면 이렇다.

1. 교회에서 하는 '좋은' 일들이 바른 신앙을 위협하는 가장 무서

운 적이 될 수 있다.

2. 행위의 올무에서 인류를 구한 바로 그 복음이 또한 그리스도인
을 일하게 한다.

3. 인간이 아니라 말씀이 일한다.

4. 교회를 바로세우는 사역의 성패는 어리석고 실수가 많은 인간
을 두루 활용하는 것에 달려 있다.

5. 그리스도인은 세상의 종말을 갈망하며 살아야 한다.

6. 그리스도인들은 자아를 내려놓고 자기중심적인 하나님을 따라
가는 제자들이다.

처음에는 허무맹랑한, 아니 터무니없는 소리로 들릴지 모른다.
그럴 수 있다. 하지만 예수님 말씀도 당시 청중들에게는 그렇게
들렸다. "첫째가 된 사람들이 꼴찌가 되고, 꼴찌가 된 사람들이
첫째가 되는 경우가 많을 것이다"(마 19:30, 새번역)라든지, "누구
든지 내 이름으로 이런 어린아이를 영접하면 곧 나를 영접함이요
또 누구든지 나를 영접하면 곧 나를 보내신 이를 영접함이라"(눅
9:48)라든지, "자기 목숨을 얻는 자는 잃을 것이요 나를 위하여
자기 목숨을 잃는 자는 얻으리라"(마 10:39) 같은 말씀들이 대표적
이다.

예수님의 권세라든지 창의성에 관한 이야기를 하려는 건 아니다.
처음에는 다소 헷갈리지만 조금만 깊이 들여다보면 다들 놓치고

사는 중요한 진리들이 있다. 바로 그 진실을 밝혀 주는 몇 가지 개념들을 이 책에서 집중적으로 다룰 작정이다. 여기에 실린 간곡하고도 실제적인 권면들이 신학적인 토대를 잃지 않기를 소망하며 기도한다. 여러 가지 귀중한 자료들이 교회의 본질과 특징을 파악하는 데 큰 도움을 주었다.[1] 하지만 이 책의 궁극적인 목표는 교회학 개론을 펼쳐 보이자는 게 아니다. 그저, 올바른 교회관이 어떻게 그리스도인들로 하여금 철저하게 순종할 마음을 불러일으키는지 성경을 토대로 확인하고자 할 따름이다.

래디컬, 그 다음 단계를 향하여

인류 역사를 통틀어, 하나님은 개인뿐만 아니라 특정한 민족을 선택해서 거룩한 뜻을 알리셨다. 주님은 이스라엘 백성에게 "나는 너희 사이에서 거닐겠다. 나는 너희의 하나님이 되고, 너희는 나의 백성이 될 것이다"(레 26:12, 새번역)라고 선포하셨다. 뿐만 아니라, 그리스도를 통해 "우리 많은 사람이 그리스도 안에서 한 몸이 되어 서로 지체가 되었느니라"(롬 12:5)고 하셨다. 베드로는 교회를 가리켜 "너희는 택하신 족속이요 왕 같은 제사장들이요 거룩한 나라요 그의 소유가 된 백성"(벧전 2:9)이라고 했다. 교회를 향한 주님의 계획은 "하늘에 있는 통치자들과 권세들에게 하나님의 각종 지혜를 알게"(엡 3:10) 하는 데 있다.

하나님의 목적과 뜻을 가슴에 품고 세상을 살고 싶은가? 그렇다면 우선 교회에 속한 거룩한 백성들에게 헌신하는 일부터 시작해야 한다. 주님은 그분의 자녀들에게 여럿이 팔을 바싹끼고 횡으로 줄지어 단단히 스크럼을 짜고 복음을 선포하여 그분의 영광을 열방에 널리 드러내는, 단 한 가지 목표를 이루기 위해 죽기까지 순종하라고 말씀하신다.

이것이 하나님 나라 백성들을 위해 마련하신 주님의 청사진이다. 그 꿈이 이뤄지는 걸 볼 수만 있다면 목숨을 버려도 아깝지 않은 과업이다. 예수님이 무덤의 권세를 이기시고 영원한 생명과 한없는 만족을 주시는 분임을 아직 모르는 이들에게도 대단히 중요한 일이다. 아울러 그리스도인 한 사람 한 사람에게도 큰 의미를 갖는다. 본래 그리스도인은 가진 걸 다 내려놓고 하나님의 원대한 목표를 이루는 사역에 매진하는 과정에서 그분이 베푸시는 어마어마한 기쁨을 누리게 되어 있기 때문이다.

'하나님의 최고'를 위해 '우리의 최선'을 포기하라

교회에서 하는 '좋은' 일들이 바른 신앙을 위협하는 가장 무서운 적이 될 수 있다.

철들고 나서 브룩힐즈교회에 오기 전까지, 마크(Mark)는 교회에서 살다시피 했다. 온갖 프로그램에 다 참여했으며 다채로운 위원회에 이름을 올리고 활동했다.

"무슨 일이든 가리지 않고 힘닿는 데까지 열심히 뛰었습니다."

마크의 고백이다.

"회계 팀에서도 일하고 형편이 어려운 성도들을 개인적으로 보살펴 주는 모임에도 나갔습니다. 재정 모금 행사에도 참석하고 교회의 장기 계획을 수립하는 자리에도 빠지지 않았습니다. 일주일 내내 갖가지 교회 활동으로 일정표를 빼곡하게 채웠습니다."

그런데 믿음으로 그리스도의 가족이 된 뒤부터 상황이 달라졌다. 활동이 어쩌고저쩌고 하는 소리보다는 제자 삼는 사역에 관한 얘기가 더 자주 귀에 들어왔다. 그제야 뼈아픈 자각이 들었다. 교회를 배경으로 좋은 일을 수없이 해 왔음에도 불구하고, 피를 나눈 가족 말고는 누구 하나 뚜렷하게 그리스도께 인도해야겠다는 마음을 품어 본 적이 없었다. 예수님과 동행하면서 아직 복음을 듣지 못한 이들을 주께 인도하며 사는 그리스도인을 만나 본 적도 없었다. 마크는 말했다.

"목사님, 그동안 교회 생활을 하면서 선한 일이다 싶으면 그게 무엇이든 몸을 사리지 않았습니다. 하지만 이제 보니, 가장 중요한 걸 놓치고 있었어요. 제자를 삼는 일에서는, 아주 형편없었던 거죠."

지금은 마크도 직장에서, 그리고 지역사회에서 마주치는 이들을 그리스도께 인도하거나 주님의 발자취를 따라 살도록 가르치는 일에 열심을 내고 있다.

마크라는 성실한 그리스도인이 걸어온 신앙 여정을 떠올리면 두렵다는 생각마저 든다. 기껏 잘한답시고 하는 일이 결국은 영적 생산성이 제로에 가까운 종교 활동에 불과했다니! 다시 말해, 교회를 누비다시피 뛰어다니지만 하나님 나라를 앞당기는 데는 조금도 보탬이 되지 않는 일에 금쪽같은 시간과 에너지를 쏟아부은 꼴이라니, 얼마나 끔찍한가!

래디컬 투게더

삶의 마지막 순간에 불현듯, 더 많은 이들을 천국으로 인도할 수 있었는데 그러지 못했다는 판단이 들면 얼마나 안타깝겠는가? 자칫 방심했다가는 하나님이 맡기신 원대한 목표를 잊어버리고 교회의 이름으로 '좋은 일들'을 하는 데 정신이 팔리기 십상이다. "교회에서 하는 '좋은' 일들이 바른 신앙을 위협하는 가장 무서운 적이 될 수 있다"고 주장하는 까닭이 여기에 있다.

물론 펄쩍 뛰는 이들도 있을 것이다.

"교회에서 하는 좋은 일들이 그리스도인을 위협하는 가장 무서운 적이라니, 말도 안 돼! 죄와 사탄이라는 원수 중의 원수가 엄연히 버티고 있는데, 무슨 소리야?"

일리가 있는 말이다. 하지만 달리 생각해 볼 수도 있지 않을까? 죄와 사탄이 최악의 올무라는 건 누구나 다 아는 사실이다. 거기에 걸려 넘어지지 않도록 자신을 잘 지켜야 한다는 건 새삼스러울 것도 없는 얘기다. 하지만 '좋은 일'을 하면서 그게 위험 인자가 될 수 있음을 의식하기란 여간 힘든 일이 아니다. '좋은'이 '최선'을 가로막을 가능성을 염두에 두지 않기 때문이다. 그런 점에서 좋은 일은 교묘하고도 효과적으로 하나님의 백성들을 무너뜨리는 막강한 적이다.

그리스도인들은 교회 프로그램에 열심히 참여하는 게 곧 하나님 나라의 비전을 실현하는 데 헌신하는 일이라는 자기기만에 빠지기 쉽다. 저마다의 삶과 그리스도인 공동체의 내면을 들여다보면, 막대한 자원을 소모하고 큰 관심을 끌기는 하지만 실제로는 하나님 나라의 복음을 마음껏 누리거나 지역사회에 그 기쁜 소식이 널리 전파되게 하는 데는 특별히 보탬이 되지 않는 좋은 일과 활동들이 수두룩하다. 그것이 오늘의 현실이다.

하나님의 위대한 역사를 이루려면 교회 안에서 벌어지는 '좋은 일'들을 과감하게 정리할 필요가 있다.

모조리 하나님 앞에 꺼내 놓고

그러므로 무엇이든 다 테이블에 올려놓아 보자. 교회가 하는 일들을 남김없이 하나님 앞에 늘어놓고 목표와 우선순위를 정확히 보여 주시길 요청하는 마음으로 하나하나 다시 검토하자는 것이다.

성경이 가르치는 핵심적인 진리와 신학적으로 타협의 여지가 없는 명확한 사실을 뒤집어 보자는 게 아니다. 곧 알게 되겠지만, 하나님 말씀이나 복음의 진리에는 손을 댈 이유가 없다. 그처럼 어리석은 짓을 저질렀다가는 치명적인 상태에 빠질 것이다.

하지만 그밖에는 무엇이든 다 저울 위에 올려놓자. 어떤 방식으로 어린이와 청소년, 대학생 사역을 이끌어 가는가? 여성과 남성, 결혼하지 않은 이들과 가정을 이룬 성도들, 나이 든 성도들을 어떻게 섬기는가? 교회음악과 선교는 어떠한가? 예산과 재정

운용, 행정과 의사소통은 얼마나 원활하게 이뤄지는가? 각종 정책과 우선순위, 진행 과정은 어떠한가? 어떤 빌딩과 부동산을 소유하거나 임대해서 사용하는가? 그밖에도 가능한 한, 모든 걸 탈탈 털어 내자. 복음은 가진 것과 하는 일을 모조리 하나님께 가져가서 무얼 버리고, 무얼 바꾸며, 무얼 그냥 두어야 할지 여쭙기를 교회에 요구한다.

그리곤 주님의 답을 기다려야 한다.

왜 복음의 요구에 따르려 하지 않는가? 무엇보다 주님은 "자기의 모든 소유를 버리지 아니하면 능히 내 제자가 되지 못하리라"(눅 14:33)고 말씀하셨다. "아무든지 나를 따라오려거든 자기를 부인하고 날마다 제 십자가를 지고 나를 따를 것이니라"(눅 9:23)라고도 하셨다. 우리는 바로 그 예수를 구세주로 믿고 따르는 그리스도인들이다. 교회는 목숨을 걸고 그리스도를 따르는 이들의 공동체다. 그렇다면 하나님의 영광을 세상에 더 널리 드러내기 위해 프로그램과 행사를 중단하고, 재정과 건물을 희생하고, 더없이 소중한 명예와 전통을 포기할 수도 있어야 하지 않을까?

무너진 제방, 뒤집어진 삶

아내 헤더(Heather)와 함께 뉴올리언스에서 급하게 빠져나왔던 2005년 8월의 그날을 잊을 수 없다. 허리케인 카트리나가 덮치기 전날이었다. 강풍 경보에는 이미 익숙한 터여서 간단하게 짐을 싸서 하루 이틀쯤 멀찌감치 피했다 돌아오는 건 일도 아니었다. 옷가지 몇 벌을 차에 싣고 시내를 벗어났다. 그때까지만 해도 정든 집과 익숙한 이웃들의 일상을 다시 보지 못하리라고는 꿈에도 생각지 못했다.

이틀 뒤, 우린 대피소에서 이재민들을 돕고 있었다. 프로젝터와 스크린을 준비해서 뉴올리언스의 상황을 알리는 뉴스를 실시간으로 볼 수 있게 했다. 설치를 마치고 아내와 나란히 앉아 현장 실황중계를 지켜보았다. 그리고 마침내 한 장면을 목격했다. 방송사 헬리콥터가 수몰 지역을 차례차례 비추는데 불쑥 집에서 두 블록쯤 떨어진 낯익은 주유소('주유소가 있었던 자리'라고 해야 정확할지 모른다)가 눈에 들어왔다. 카메라는 거대한 호수로 변해 버린 인근 지역을 천천히 훑어 나갔다. 지붕까지 차오른 탁한 물이 온 동네를 뒤덮고 있었다. 렌즈가 우리 집 지붕이다 싶은 자리를 스치고 지나갔다.

기가 막혀서 말이 나오지 않았다. 머릿속이 복잡했다. 온 식구가 뒹굴던 따뜻한 보금자리가 휩쓸리고 말았다.

초저녁 무렵이면 집 주위를 어슬렁거리다가 두어 블록 너머에 있는 둑까지 걸어갔다 오곤 했었다. 제방은 도시를 감싸고도는 물줄기가 주거지역으로 밀어닥치는 걸 막도록 설계된 다채로운 구조물 가운데 하나였다. 폰처트레인 호수(Lake Pontchartain)와 미

시시피 강, 더 나아가서는 멕시코 만을 따라 땅을 깊이 파고 일종의 철근콘크리트 옹벽을 세웠다.

하지만 급류가 밀어닥치자 균열이 생기기 시작했다. 제방은 서서히 갈라졌다. 처음에는 실금에 불과했지만 차츰 틈이 벌어지면서 마침내 와장창 무너지고 말았다. 엄청난 물이 도시로 쏟아져 들어왔다. 이웃집 하나는 기초가 뜯겨 나가면서 시내 중심 도로까지 떠내려갔다. 눈 깜짝할 사이에 우리 집을 포함해서 온 동네가 물밑으로 사라졌다.

홍수로 모든 걸 잃은 이들이 다 그렇듯, 우리 부부도 큰 충격을 받았다. 믿을 수가 없었다. 혼란스러웠다. 며칠 동안은 서로 이야기를 나누고 기도를 하면서도 과연 '평범한' 삶으로 되돌아갈 수 있을까 회의가 들었다.

하지만 지금은 그 모든 과정을 새로운 각도에서 보고 있다.

홍수 자체를 그리스도인과 교회를 향한 그리스도의 급진적인 부르심으로 인식한 것이다. 소유와 존재를 송두리째 포기하라는 예수님의 부르심은, 언제라도 탁류가 밀려들 수 있는 저지대에 과감히 서는 결단과 대단히 흡사하다. 삶과 교회, 재산과 재물, 계획과 전략, 소망과 꿈을 남김없이 둑 앞에 늘어놓고 하나님께 제방을 터트리시길 요청하는 것이나 진배없다. 각자의 삶과 교회

에서 주님이 원하시는 요소만 남기고 나머지는 다 쓸어버리신 뒤
에 거룩한 뜻에 맞춰 재구성해 달라고 부탁하는 것이다.

질문의 핵심

하나만 묻자. 지금 둑 앞에 섰는가? 교회도 그런가?

특별히 신앙 공동체라면, 하나님 앞에 전부를 내려놓고 고백할
수 있는가?

"말씀만 하십시오. 무엇이든 다 따르겠습니다. 무엇이든 짚어
주시면 서슴없이 내버리겠습니다. '최상'이 아닌 것들을 죄다 잘
라 내겠습니다. 주님의 영광을 주변 세계에 널리 드러내는 데 필
요한 일이라면 어떤 대가를 치르더라도 개의치 않겠습니다."

브룩힐즈교회의 담임목사로 부임한 뒤에 가졌던 첫 번째 리더
모임이 생각난다. 몇 가지 질문들을 중심으로 교회의 미래에 관
해 논의했다.

- 어떻게 하면 가장 효과적으로 성도들에게 동기를 부여해서 하
  나님의 지상명령을 성취할 수 있을 것인가?
- 어떻게 하면 가장 효과적으로 리더들을 단단히 결속시켜서 하
  나님의 지상명령을 성취할 수 있을 것인가?
- 지금 움직이는 각종 사역 팀과 위원회, 여러 교역자들은 반드시

필요한가?

- 말씀에 비추어 볼 때, 현재 교회 예산은 하나님의 계획과 열망을 정확하게 반영하고 있는가?
- 수십 억 원짜리 건물들을 유지하는 데 들어가는 비용을 세상을 아우르는 하나님의 목표를 실현시키기 위한 재정으로 볼 수 있는가?
- 각종 프로그램들은 교회 공동체로부터 시작된 복음의 역사를 땅 끝까지 펼치는 데 더할 나위 없이 적합한 내용과 형태를 가지고 있는가?
- 더 큰 열매를 거두기 위해 단호하게 폐기하거나 바꿔야 할 '좋은' 일과 자원은 없는가?

이렇게 물으면 열에 아홉은 "부교역자 면접하세요?"라는 반응을 보이기 십상이다. 하지만 그날 밤, 브룩힐즈교회의 리더들은 지혜로운 질문으로 답변을 대신했다.

"목사님, 우리 교회의 상황을 감안할 때, 그 말씀은 무슨 뜻입니까?"

"공동체의 구조와 조직 가운데 어떤 자리가 불필요하다고 보십니까?"

"건물을 팔아야 한다는 말씀인가요?"

"변경하거나 정리해야 할 대상으로 어떤 프로그램을 꼽으세요?"

이어서 활발한 토론이 벌어졌다. 당시 교회에서 진행되는 다양한 프로그램과 활동들을 검토하는 내내 "이런 일을 하는 게 뭐가 문제죠?"라는 질문이 꼬리를 이었다. 어떤 리더는 어린이들을 위해 가을에 축제를 여는 게 잘못이란 얘기냐고 따졌다. "농구 시합을 개최하는 게 바람직하지 않다는 뜻입니까?"라고 묻는 이도 있었다.

하지만 특정한 프로그램과 활동에 무슨 문제가 있느냐고 묻는 게 별 도움이 되지 않는다는 사실을 다들 금세 깨달았다. 꼬맹이들을 위해 잔치를 열거나 함께 어울려 농구 시합을 하는 게 나쁘다고 생각하는 이는 아무도 없었다. "이런 프로그램과 활동에 시간과 돈, 에너지를 쓰는 게 이웃을 넘어 뭇 백성에게 복음을 전하는 가장 좋은 방법일까요?"라는 질문이 나오면서 비로소 대화의 맥락이 바로잡히기 시작했다.

어느 순간부터 더 큰 목적을 이루기 위해 좋은 일들을 정리하는 쪽으로 마음이 모아졌다. 상황을 보는 시각이 완전히 달라진 것이다.

지금도 '좋은' 일들을 포기하는 게 마냥 쉽지는 않다. 솔직히 좋은 일들을 내려놓는 일을 항상 잘 해낸다고는 차마 말하지 못하겠다. 지나치게 조급하게 서두르거나 넘치게 늦장을 부리기 일쑤다. 때로는 의사소통에 문제가 생겨서 변화를 추구하는 작업이 엉망으로 헝클어지기도 한다. 더러는 교회를 떠나기까지 했다.

불필요한 일들로 그런 사태를 불러왔던 점을 생각하면 지금도 가슴이 아프다. 그런 어려움을 겪으면서 브룩힐즈교회 성도들은 좋은 일들을 정비하는 과정이야말로 교회 전체를 통틀어 가장 어려운 작업임을 실감했다.

첫 모임에서 수많은 이야기들을 나누기는 했지만, 하룻밤 사이에 해답까지 찾아내야 하는 건 아니었다. 모범 답안을 가진 이는 아무도 없었다. 담임목사는 물론이고 리더들도 마찬가지였다. 지금도 그 점에는 변함이 없다. 핵심은 그저 질문을 던지는 데 있다. 정직하게 묻고 답하노라면, 교회가 벌이는 이른바 '선한' 일들이 성도들의 마음을 얼마나 단단히 붙잡고 있는지 조금씩 자각하게 된다.

예수님이 경고하셨던 것처럼, 하나님이 가르쳐 주신 진리보다 교회의 전통을 더 소중히 여기는 위험한 성향이 있음을 보기 시작한다(막 7:8). 주님이 지금 필요하다고 말씀하셨기 때문이 아니라 예전부터 계속해 왔기에 앞으로도 이어 가야 한다고 생각하는 프로그램이 있다는 걸 깨닫는다. 하나님의 뜻보다 일을, 주님의 섭리보다 인간의 꿈을, 그분의 우선순위보다 저마다의 계획을 앞세우는 경우가 얼마나 많은지 알게 된다.

다른 이들의 필요보다 자신의 편리를 더 소중하게 여기는 기질을 뚜렷이 감지하게 된다. 글을 쓰는 바로 이 순간에도, 세계 곳곳에서 무려 50억 가까운 인구가 굶주려 죽어 가고 있다. 음식과 물 부족에 시달리며 기초적인 의료 혜택조차 받지 못한다. 설사 같은 간단한 질병으로 목숨을 잃는 아이들이 부지기수다. 어려서 단백질을 충분히 섭취하지 못한 탓에 평생 뇌손상을 입은 채 살아가는 이들도 수두룩하다. 인신매매를 당해 팔려 간 이들은 강제 노역에 시달리거나 성매매 업소에 넘겨진다.

부모 없이 고아로 살아가는 아이들이 15억 명에 육박한다. 그럼에도 불구하고 오늘날 교회의 행태를 보건대, 그런 아이들과 그 가족보다 성도들에게 편리한 프로그램과 쾌적한 주차장을 더 중요하게 여기는 분위기다.

일전에 「래디컬」을 읽고 화가 잔뜩 난 목회자가 전화를 걸어왔다. 수십 억짜리 예배당을 짓기 위해 막 작정 헌금을 시작했는데, 책을 읽은 성도들이 선뜻 나서려 하지 않는다는 얘기였다. 우선, 분란을 일으킬 뜻은 없었다고 이야기해 주었다. 누구한테든 그것만큼은 자신 있게 말할 수 있다. 저마다 어떤 사정을 가졌는지 알 길이 없는 터라 나로서는 다른 교회를 향해 감 놔라 배 놔라 할 입장이 아니었다. 다만 단순하고도 겸손한 마음으로 묻고 싶었을 뿐이다.

"주린 배를 움켜쥐고 사는 무수한 이들과 예수님에 대해 들어보지도 못한 수십 억 잃은 양들에게 하나님의 영광을 드러내기 위해, 현재 진행하고 있거나 계획 중인 선한 일들 가운데 주님이 가르쳐 주신 말씀에 가까이 다가서고, 거룩한 백성들의 마음을

래디컬 투게더

움직이며, 그분이 주신 자원을 바르게 사용할 더 좋은 방법은 없는가?"

온당한 물음이 아니라며 손사래를 치고 싶은가? 하지만 이건 누구도 피할 수 없는 질문이다.

초점을 바꾸다

그날 밤의 대화를 계기로 브룩힐즈교회 리더들은 교회 자원을 사용할 때마다 검토와 숙고를 거듭하게 되었다. 그럼에도 불구하고 시간과 재정의 우선순위를 더욱 포괄적으로 재정립하도록 이끌어 줄 촉매가 꼭 필요했다.

2009년 가을 내내, 온 교회가 야고보서 공부에 매달렸다(경고하건데, 소유와 존재 전체를 테이블에 올려놓고 재검토할 작정이 아니라면 야고보서를 진지하게 파고들지 말 것!). 야고보서 2장에 들어서면서 자비를 입었으면 마땅히 자비를 베풀어야 한다는 사실과 마주했다. 마음에 은혜가 가득하면 자연히 손을 통해 흘러 나가는 법이다. 야고보 사도는 그리스도인이라고 자처하면서 가난하고 병든 믿음의 식구를 돌보지 않는 이들은 사실상 구원을 받지 못했노라고 단언했다(약 2:14-17). 자비를 베푸는 행위가 구원의 수단은 아닐지라도 구속받았다는 명확한 증거라는 것이다(더 자세히 알고 싶으면 야고보서 2장을 읽어 보라).

야고보서를 연구하면서 한편으로는 교회의 예산 편성 과정을 샅샅이 살펴보았다. 마음 같아서는 예산을 세우는 계절이 돌아오지 않으면 좋겠다. 정말 중요하고 시급한 필요들을 외면하고 그저 '좋은' 수준의 일들에 자원을 투입하는 교회의 성향과 정면으로 마주치는 시기이기 때문이다. 북아메리카의 그리스도인들은 수입의 평균 2.5퍼센트 정도를 교회에 바친다. 북아메리카의 교회들은 그 2.5퍼센트 가운데 2퍼센트 정도를 떼어 세계 곳곳에서 온갖 어려움을 겪는 이들을 위한 예산으로 사용한다.[2] 다시 말해서, 북아메리카의 그리스도인들은 1백 달러를 벌 때마다 5센트 정도를 영적, 신체적으로 급박한 처지에 몰린 이들에게 보내는 셈이다. 아무리 생각해도 납득이 가지 않는 수치다.

브룩힐즈교회의 목회자들은 끼니를 잇지 못하는 세계 각지의 수많은 형제자매들부터 단 한 번도 복음을 들어 본 적이 없는 허다한 이들에 이르기까지 인류가 당면한 현실을 정확하고 철저하게 파악한 뒤에 거기에 비추어 교회 예산을 돌아보았다. 그리곤 즉시 행동에 들어갔다. 하나님의 뜻과 방법에 맞춰서 자원 활용법을 대폭 손질했던 것이다.

일단 아직 지출하지 않는 예산부터 시작했다. 그동안 직원들이 쓰임새를 줄여 가며 미래를 위해 모아 놓은 돈이 7억 원 넘게 통장에 들어 있었다. 야고보서를 읽으면서 그 돈을 목마르게 기다리는 형제자매들이 있다는 사실을 깨달았다. 그래서 그 자금을 한 푼도 남기지 않고 나누어 주기로 했다. 1일 1달러 이하로 생활하는 세계의 빈곤인구 가운데 41퍼센트가 몰려 사는 걸로 알려진 인도의 협력 교회에 보내기로 한 것이다.

이어서 2010년 예산을 손보기로 했다. 직원들에게 마른 수건도 다시 짜는 심정으로 면밀히 조사해서 최대한 경비를 절감해

놀라운 일이 벌어졌다. 교회의 적잖은 부서들이 큰 폭으로 예산을 줄였다. 경배와 찬양 사역 리더는 무려 83퍼센트를 삭감했다.

주길 요청하고 그렇게 마련된 재원을 세계 곳곳에 내보내기로 결정했다. 리더들과 함께 이런 문제들을 토의하면서 긴축에 따르는 부담을 덜어 줄 요량으로 우선은 목회자들이 사용하는 예산에 국한하는 게 좋겠다는 의견을 내놓았다. 하지만 채 말이 끝나기도 전에 유치부 책임자가 이의를 제기했다.

"목사님, 그렇게 제한할 일이 아닌 것 같습니다. 하나님 말씀을 통해서 이게 누구나 반드시 해야 할 일임을 알았습니다. 우리도 참여하고 싶습니다. 제각기 맡은 영역을 살펴서 예산을 줄여 봅시다."

리더들은 그 제안에 따라 여러 팀으로 나뉘어 예산안 재검토에 착수했다. 놀라운 일이 벌어졌다. 일반적으로 예산을 편성할 때는 각 기관의 리더들이 액수를 최대한 늘리려고 눈치 싸움을 벌이게 마련인데, 이번에는 더 많이 줄이기 위해 치열한 경쟁을 벌

였다.

적잖은 이들이 큰 폭으로 예산을 줄였다. 경배와 찬양 사역 리더는 무려 83퍼센트를 삭감했다. 물론 소폭 축소하는 데 그친 경우들도 있었다. 가령, 유치부의 리더들은 간식비를 포함해서 모든 항목을 샅샅이 뒤졌다. 주일마다 아침과 점심을 배불리 먹는 아이들에게 새참까지 챙겨 줄 필요가 있는지 몇 번을 되짚어 생각했다. 결국 될 수 있는 대로 간소한 스낵을 준비하기로 하고 수십만 원을 절약했다.

그로부터 몇 주가 흐른 어느 주일 오후, 식구들과 함께 교회에서 집으로 돌아가는 길이었다. 당시 세 살배기이던 아들아이에게 물었다.

"어이, 친구! 오늘 어땠어?"

풀기 없는 목소리로 녀석이 대꾸했다.

"아빠, 오늘은 붕어빵 한 마리도 못 얻어먹었어요."

조금 뜸을 들였다가 아내가 비수를 들이댔다.

"아들, 혹시 알고 있어? 그게 다 아빠 때문이란다."

웃어야 할지, 아니면 꾹 참아야 할지 표정을 관리하기가 힘들었다. 하지만 변화의 파장이 교회 지도자에게만 미친 게 아니라는 사실만큼은 분명히 확인할 수 있었다. 아래로는 유치부 어린아이에 이르기까지 영향을 받고 있었다.

다른 이들도 마찬가지였다. 온 교회가 이 방향을 선택해 꾸준

래디컬 투게더

히 전진하기로 뜻을 모으는 게 중요했다. 그래서 정식으로 안건을 내놓고 투표에 붙였다.

하나님의 사랑과 현실 세계의 어려움을 기억하며 성경 말씀(잠 14:31; 21:13; 28:27, 마 25:31-46, 약 2:14-17, 요일 3:16-18)에 순종하여 브룩힐즈교회 리더들은 지체들에게 다음과 같은 활동을 제안했다.

- 세계 곳곳에서 영적으로 또는 신체적으로 절박한 처지에 내몰린 채 살아가는 이들을 돕기 위해, 지금부터 2009년 회계 연도가 끝날 때까지 남은 기간 동안 지출을 최대한 축소한다.
- 세계 곳곳에서 영적으로 또는 신체적으로 절박한 처지에 내몰린 채 살아가는 이들을 돕기 위해, 2010년에는 초긴축 예산을 운용한다.
- 현재 보유 중인 예비비 7억 원 정도를 굶주림에 시달리는 인도 교회에 긴급 지원한다.

2주 뒤, 새로운 지침에 맞추어 예산을 재편성하는 안건이 절대다수의 동의를 얻어 통과됐다. 아울러 2010년 예산 가운데서도 약 20억 원을 확보해서 언제든 필요한 곳에 지원할 길을 열었다. 그 자원을 토대로 우리 교회가 있는 버밍엄은 물론이고 해외 여러 지역에까지 복음을 전하는 일에 더욱 집중하기 시작했다.

1 '하나님의 최고'를 위해 '우리의 최선'을 포기하라

우선 가까이는 어려움을 겪는 이들이 많이 모여 사는 지역을 파악했다. 그리고 그곳에 뿌리를 내리고 구체적인 방식으로 복음의 메시지를 전파하는 협력 교회와 기관, 학교들을 통해 자원과 시간을 투입했다. 몸과 마음은 쏙 빼놓은 채 돈만 보내는 건 바른 자세가 아니라고 생각했다. 그래서 공동체에 속한 믿음의 식구들에게 익숙하고 편안한 동네를 떠나서 시내의 낙후된 마을로 이사하는 걸 두고 기도해 보라고 도전했다. 그로부터 시작해서 여러 성도들이 개인적으로, 부부 단위로, 또는 가족 전체가 그 권면을 실천에 옮겼다.

국제적으로는 6억 인구 가운데 복음주의 그리스도인이 0.5퍼센트에 불과한 북인도에 초점을 맞추었다. 기존 파트너는 물론이고 새로 관계를 맺은 동역자들에게 기대어 현지의 급박한 필요를 채우는 사역에 시간과 재정을 쏟아부었다.

그 한 해 동안, 인도의 지역 교회를 발판으로 예수란 이름조차 들어 보지도 못한 채 극단적인 빈곤 상태에서 하루하루 연명해 가는 1천 여 가정에게 음식과 교육, 의료 혜택을 제공했다. 물론 그와 동시에 말할 수 없이 귀한 복음을 지속적으로 전했다. 아울러 또 다른 교회들을 통해 우물 1백여 개를 파서 식수난을 겪는 주민들에게 맑은 물을 마시게 해 주었다. 단순히 현실적인 도움을 주는 차원에 그치지 않고, 전국적으로 수백 명에 이르는 교회 지도자들을 훈련시켰다. 또 한편, 교회 개척 사역자들을 각 지역에 보내 그리스도를 믿음으로써 영원한 생명을 얻게 된다는 기쁜 소식을 최초로 전했으며, 수백만 명에 이르는 인도 사람들에게 난생처음 성경책을 접할 기회를 주었다.

교회 자랑을 하려는 게 아니다. 브룩힐즈교회가 한 일은 하나님의 은혜가 우리 공동체에 가득하다는 증거에 지나지 않는다. 이렇게 사연을 나누는 건, 교회가 가진 자원을 죄다 테이블 위에 올려놓고 소유한 자산을 의도적으로, 그리고 희생적으로 영원하신 왕의 영광을 위해 사용할 때 어떤 일이 벌어지는지 소개하고 싶었을 따름이다.

다운사이징, 원대한 비전을 위하여!

앞에서 거론한 금액을 들으면서 속으로 생각했을지 모른다. '7억 원이나 되는 거금을 쌓아 놓는 교회가 몇이나 되겠어? 다 그만한 여유가 있으니까 가능한 일이지, 아무나 20억 원씩 척척 나눠 줄 수 있는 건 아니지!'

하지만 여기에 하나님의 놀라운 섭리가 있다. 꼭 일정 한도 이상의 자원을 가져야 주님의 영광을 염두에 두고 지혜롭게 자원을 활용할 수 있는 건 아니다. 어떤 교회든, 그리고 그리스도인이라면 누구나 위대한 목적을 위해 쓸 수 있는 무언가를 소유하고 있다.

일마 전, 소그만 교회의 학생 사역자가 이메일을 보냈다. 하나님이 얼마나 멋지게 역사하시는지 보고하는 내용이었다.

예산에서 이미 2천만 원 이상을 절감해서 이런 일들을 펼치기로 했습니다. (1) 세계의 빈곤아동들을 돕는 기독교 단체를 지원한다. (2) 기생충 피해 예방 기금을 조성해서 연간 4만 명에게 구충제를 무상으로 제공한다. 제3세계에서는 암으로 세상을 떠나는 이들보다 기생충 때문에 목숨을 잃는 희생자들의 숫자가 훨씬 많기 때문이다. (3) 성도들의 입양을 장려하기 위해 관련 비용 일체를 교회가 부담한다. (4) 400만 원 정도를 별도로 적립해서 더 많은 청소년들이 여름 단기 선교 여행에 참여하도록 후원하는 기금으로 사용한다.

꼭 엄청난 예산을 퍼부어야 커다란 반향을 일으킬 수 있는 건 아니다. 그만한 일은 살림살이의 규모를 줄이기만 해도 얼마든지 가능하다. 최근에 '해외에 파견되어 복무중인 미군이며 자식을 기르는 아빠'라는 남성에게서 이메일 한 통을 받았다. 그는 아내가 먼저 「래디컬」을 읽고 나서 강력하게 추천하기에 보게 되었노라고 했다. 전자책을 다운받아서 고작 70쪽을 읽었을 뿐인데(베풂에 관한 이야기는 아직 나오기도 전이다) 본문에 인용된 성경 말씀들에 완전히 사로잡혔다는 얘기였다. 편지의 한 대목을 여기에 그대로 옮긴다.

어려서부터 교회 생활을 했습니다. 아내와 결혼한 뒤에도 열심히 예배에 참석하고 십일조를 드렸지만 예수님이 바라시는 생생한 교제를 나누는 데는 소홀했습니다. 맹목적으로 성공 신화를 좇으며 잘 먹고 잘 사는 데 온 신경을 쏟으며 살아온 삶에 넌덜머리가 납니다. 그래서 엿새 전, 아내와 통화하면서 쓸데없이 붙잡고 있는 재산을 모조리 처분하기로 결정했습니다. 닷새에 걸쳐 텔레비전 두 대와 아이폰, 컴퓨터, TV받침대, 커튼, 구입한 지 얼마 안 되는 승용차를 팔아 치웠습니다. 아울러 입양 과정을 밟기로 했습니다. 집에 돌아갔을 때쯤에는 하나님이 이미 선물로 주신 네 아이와 더불어 또 다른 식구가 반겨 주면 좋겠습니다.

승용차는 구입한 지 고작 다섯 달밖에 되지 않은 신차였습니다. 하지만 내다 팔면 최소한 6백만 원은 손해를 볼 게 뻔했습니다. 아내는 차를 몰고 중고차 매매 센터에 가서 얼마나 값이 떨어질지 알아봤습니다. 예상보다 120만 원 정도 낮은 감정가가 나왔지만 놀라지 않았습니다. 그저 마음이 무거웠을 뿐입니다. 팔기 전에 몇 군데 더 견적을 받아 보기로 했습니다. 아내가 막 사무실을 나서려는데 판매원이 손을 내저으며 다급하게 말했습니다. "손님, 잠깐만요! 사장님이 사서 사모님한테 선물하시겠대요." 그러고는 100만 원을 더 얹어 주겠다고 했습니다. 15분 전보다 무려 840만 원이나 높은 가격을 제시한 겁니다. 믿을 수가 없었습니다. 하나님은 상황을 극적으로 반전시키셨습니다. 주님이 주시는 믿음에

1 '하나님의 최고'를 위해 '우리의 최선'을 포기하라

기대어 과감히 첫발을 내딛은 덕분임을 믿어 의심치 않습니다.

똑같은 결단을 내리면 똑같은 일이 벌어진다는 말이 아니다. 분명히 말하지만, 우리 부부가 살림을 줄이기로 하고 주택을 내놓았을 때는 상황이 달랐다. 집을 사겠다고 나선 남자는 그런 식의 거래 조건을 내놓지 않았다. 반드시 기억해야 할 요점은 가정이든, 소그룹이든, 작은 교회든, 대형 교회든 믿는 마음으로 거룩한 뜻에 따르기 시작하면, 복음을 발판으로 하나님의 영광을 위해 아낌없이 베푸는 기쁨을 만끽하게 된다는 사실이다.

핵심을 놓치지 말라. 여러 가지 사례들을 소개했지만 무언가를 포기하거나 악한 요소들을 정리해 버리라는 뜻으로 받아들여선 안 된다. 교회에서 운용하는 각종 프로그램이나 새 차는 물론이고 유치부 꼬맹이들에게 나눠 주는 붕어빵까지도 선하지 않은 게 없다. 다만, 그처럼 좋은 무언가가 훨씬 멋진 일이 생기지 못하도록 앞을 막을 수도 있다는 걸 명심해야 한다. 교회의 울타리 속에 있는 거룩한 백성들을 분발시켜서 세상에 하나님의 빛나는 참모습을 알리길 원하는가? 그렇다면 좋은 일들을 선별해서 정리할 줄 알아야 한다.

스스로 묻고 답해 보라. 개인적인 차원에서 여태 살아오면서 갖게 된 모든 것들을 테이블 위에 올려놓고 그리스도 앞에서 무얼 붙들고 무얼 놓아야 하는지 판단할 용의가 있는가?

래디컬 투게더

교회로 범위를 넓혀서, 지금까지 개발해서 활용하고 있는 프로그램과 다양한 직분, 실시중인 혁신 방안, 공들여 건축한 여러 건물, 고안해 낸 독창적인 아이디어, 치밀하게 조직하고 구성해 낸 사역 팀, 활발하게 펼치는 다채로운 활동들을 남김없이 저울 위에 올려놓을 뜻이 있는가? 주님이 주신 시간과 에너지, 재물을 잘 활용해서 그분의 영광을 세상에 드러낼 더 나은 길은 없는지 하나님께 여쭤 볼 마음이 있는가?

"하나님의 자녀로서 그저 좋은 일을 하는 수준에 머물고 싶지 않습니다. 주님을 위해 최선의 길을 선택하길 원합니다"라고 고백할 수 있겠는가?

이처럼 소유와 존재 전체를 내려놓고 순종의 길에 발을 들여놓는다면, 지금이라도 거룩한 뜻을 이뤄 가는 하나님의 백성 대열에 합류할 수 있을 것이다.

chapter 02

래디컬 공동체의 동력은 '은혜'다

래디컬한 은혜가 래디컬한 삶을 만든다

행위의 올무에서 인류를 구한 바로 그 복음이
또한 그리스도인을 일하게 한다.

교회에서 마음이 뜨거워진 하나님의 백성들을 보려면 그리스도인들이 가진 복음부터 점검해 볼 필요가 있다. 내면에 담긴 복음이 자연스럽게 흘러넘치면 무엇보다도 삶의 온갖 요소들을 내놓고 하나님의 판단을 기다리게 된다. 하지만 요즘 교회들이 표방하는 복음을 보면 헷갈리는 구석이 여간 많은 게 아니다.

앤디(Andy)라는 그리스도인을 떠올려 보자. 몇 년 전에 그리스도를 믿고 자타가 공인하는 신앙인이 됐다. 그날 이후로, 앤디는 오직 믿음을 통해 전적인 은혜로 구원을 받는다는 소리를 입에 달고 산다. 행위는 구원과 아무 상관이 없다고 부르짖을 뿐만 아니라 불행하게도 그 주장을 뒷받침하는 삶을 산다. 분명히 교회에 다니고 소그룹 모임에도 꼬박꼬박 참석하지만 성품이라든지 다른 이웃들에게 보이는 관심을 보면 그리스도의 흔적이 뚜렷이 나타나지 않는다. 길을 잃고 헤매는 이들을 모른 체하고 가난한 이들의 울부짖음에 귀를 막았다. 심지어 그리스도 안에서 한 가족이 된 동료 그리스도인들에게도 마찬가지였다. 복음을 믿노라고 소리를 높였지만 삶 어디에서도 문화적인 기독교의 종교의식을 뛰어넘는 믿음의 열매를 찾아볼 수 없었다.

애슐리(Ashley)의 경우는 어떠한가? 어려서부터 예수를 믿고 평생 교회를 떠나 본 적이 없는데다가 세례도 네 번씩이나 받았다. 설교란 설교는 다 찾아 듣고 성경 공부 모임들을 열심히 쫓아다니며 하나님을 섬기기 위해 무얼 해야 하는지 배웠다. 주님을 기쁘시게 하고 싶어 하며 기독교의 가르침을 행동에 옮기려고 안간힘을 쓴다. 하지만 이리 뛰고 저리 뛰면서도 만족이 없다. 도무지 구원을 받았다는 확신이 들지 않는다. 복음을 삶으로 살아 내려고 노력할수록 피곤하고 고단해질 따름이다.

앤디와 애슐리는 모두 브룩힐즈교회의 성도이다. 어쩌면 여러분의 교회에도 또 다른 앤디와 애슐리가 출석하고 있을지 모른다. 앤디는 행위와 구원은 전혀 상관관계가 없다고 생각하는 반면, 애슐리는 행위야말로 구원의 전부라고 믿는다. 양쪽 다 헷갈리고 있다. 정확히 말하자면 그릇된 판단을 하고 있다. 복음을 제대로 이해하지 못하는 한, 절대로 하나님의 뜻을 이뤄 가는 사역에 동참할 수 없다.

철저하게 주께 순종하는 그리스도인을 키워 세상에 내보내려면 먼저 복음이 그 토대요 동기가 되어야 한다. 우리를 행위에서 건져 내는 복음과 우리를 구원해서 일하게 하는 복음을 둘 다 놓치지 말아야 하는 이유가 여기에 있다.

행위의 올무에서 인류를 건져 내는 복음

애슐리의 손에 「래디컬」이 들려 있는 장면을 상상하면 온몸에 소름이 돋는다. 「래디컬」은 처음부터 끝까지 그럴 만한 자격이라곤 하나도 없는 인간에게 하나님이 복음을 통해 베푸신 은혜를 소개하려고 썼다. 그럼에도 불구하고, 이 아가씨는 이 책을 읽고는 '주님을 위해 더 많은 일을 해야 해. 재산을 팔아 치우는 게 좋겠어. 일단 서원이라도 해야 그분 앞에 바로 설 수 있지 않을까?'라고 생각할 게 뻔했다. 그런 순종의 이면에는 죄의식이 깔려 있으며 화려한 활동은 의무감에서 비롯된 행위일 뿐이다.

혹시 애슐리와 같은 스타일의 그리스도인이며, 이미 「래디컬」을 읽었는가? 그렇다면 꼭 들려주고 싶은 이야기가 있다. 무슨 짓을 하든, 가령 가진 걸 다 정리하고 세상에서 가장 위험한 지역에 들어가 사역한다 할지라도, 그걸로 하나님의 마음을 얻을 수는 없다. 복음의 가장 아름다운 속성은 이편에서 무얼 할 필요가 없다는 점이다.

하늘 아버지는 한 사람 한 사람을 너무나 사랑하신 나머지, 죄에 대해 절망적인 상황에도 불구하고 하나뿐인 아들(육신을 입으신 하나님 자신)을 보내셔서 인간으로서는 결코 살 수 없는 삶을 살아갈 길을 열어 주셨다. 오직 예수님만이 거룩한 계명을 지킬 수 있고 실제로 그렇게 하셨다. 하나님이 흡족해하실 만큼 신실하고, 너그러우며, 가슴이 따뜻한 분은 오직 그리스도뿐이다. 오직 주님만이 한 점 모자람 없이 시종일관 완벽하게 하늘 아버지의 뜻에 순종하셨다.

예수님은 평생을 통틀어 죄와는 완벽하게 담을 쌓고 사셨음에도 불구하고 십자가에 달려 죄의 대가를 치르셨다. 마땅히 인간의 몫으로 돌아가야 할 죽음의 형벌을 대신 받으셨다. 그리곤 죄를 이기시고 무덤에서 살아나셨다. 애슐리를 포함해서 누구든 자기를 부인하고 구세주를 믿으면 주님은 하나님을 거역하는 모든 죄를 깨끗이 씻어 주시고 의로움의 옷을 덧입혀 주신다. 온전히 순종하는 삶의 출발점은 철저한 죽음이다. 자신에 대해 죽고 제 힘으로 무얼 해서 하나님 앞에 설 자격을 얻으려는 시도에 대해 죽어야 한다.

복음은 인간을 행위에서 구원했다. 스스로 죄를 이기고 하나님 앞에 서려고 애쓸 필요가 없어졌다. 스스로 힘쓰길 중단하고 믿

래디컬 투게더

기 시작하면 된다.

이런 식으로 그리스도를 신뢰하고 의지해 본 적이 없다면 당장 책을 덮고 그분을 향한 믿음을 재정비하라. 기도를 되풀이하거나, 사명 선언문에 서명하거나, 뭘 팔아 치울 필요가 없다. 인간이 할 일은 없다. 처음부터 끝까지 예수님이 하신다. 오직 믿음을 통해 은혜를 입을 때만 하나님 앞에 의로운 존재로 설 수 있다.

이쯤에서 얘기를 끝내고 이 장을 마감할 수 있으면 더 바랄 게 없겠다. 그래야 마땅하다고 생각하는 이들도 적지 않을 것이다.

"그게 전부야. 덧붙일 말이 없다고!"

하지만 복음은 거기서 끝나지 않는다.

복음은 그리스도인을 일하게 한다

성경을 읽어 나가노라면 곳곳에서 중요한 진리와 마주친다. 행위의 올무에서 인류를 구한 바로 그 복음이 또한 그리스도인을 일하게 한다는 사실이다. 바울은 오직 믿음을 통해 은혜로 구원을 받는다는 사실을 분명히 한 뒤에 곧바로 그리스도인은 "예수 안에서 선한 일을 위하여 지으심을 받은 자"라고 규정한다(엡 2:8-10).

야고보는 "영광의 주 곧 우리 주 예수 그리스도에 대한 믿음"에 관한 이야기를 마치자마자 "누가 믿음이 있다고 말하면서도 행함이 없으면, 무슨 소용이 있겠습니까? 그런 믿음이 그를 구원할 수 있겠습니까?"라고 묻는다(약 2:1-14, 새번역).

요한은 교회에 보낸 편지에서 그리스도를 믿음으로써 구원을 얻는다는 진리를 자세히 설명하지만, 그 잉크가 채 마르기도 전에 "형제자매의 궁핍함을 보고도, 마음 문을 닫고 도와주지 않으면, 어떻게 하나님의 사랑이 그 사람 속에 머물겠습니까?"라고 반문한다(요일 3:16-18, 새번역).

'일', '행함', '행동과 진실함으로 사랑' 같은 어구를 중심으로 이런 본문들(다른 구절들도 다 마찬가지겠지만)의 의미를 파악하는 게 중요하다. 실은, 최근에 말씀의 속뜻을 살피는 일이 얼마나 중요한지 깊이 깨달을 기회가 있었다.

독일에 머물고 있을 때였다. 새로 사귄 친구들 몇이 소매를 잡아끌었다.

"남자들끼리 축구 시합을 하기로 했어요. 같이 뛰지 않을래요?"

"끼워 주면 감사하죠."

반색을 하며 대꾸했다.

하지만 그라운드에 들어서는 순간, 기가 막힌 장면이 눈에 들어왔다. 장대처럼 높이 치솟은 골포스트와 타원형의 갈색 공은 간데없고, 그물망이 쳐진 골대와 검고 흰 색이 뒤섞인 둥근 공만 눈에 들어왔다. 그제야 유럽을 포함한 대다수 국가들에서 즐기는 축구는 미국인들이 말하는 축구와 많이 다르다는 사실이 떠올랐

래디컬 투게더

다. 북미에서 '축구'로 통하는 경기를 다른 나라들은 '미식축구'라고 부른다는 걸 깜빡 잊었던 것이다.

똑같이 '축구'란 표현을 쓰지만 의미는 딴판이다.

그러므로 개인적으로(성경도 그렇게 가르치지만) "복음이 또한 그리스도인을 일하게 한다"고 주장하기에 앞서 그 '일'의 의미를 분명히 해 두고자 한다.

성경에서 '일' 또는 '행위'라는 단어는 부정적인 개념으로 사용되는 경우가 많다. 육신의 의지에서 나온 행동으로 하나님을 높이거나 드러내지 못한다는 의미를 담기 일쑤다. 그런 뜻에서 바울은 행위의 문제를 자주 거론했으며 공로를 쌓아서 구원을 얻는다고 주장하는 무리들을 끈질기게 단죄했다(롬 4장, 갈 3장). 선한 행실로, 또는 공을 세워서 영원한 생명을 얻는 길은 전혀 없다. 제아무리 대단한 일을 해내도 하나님 앞에 서기에는 턱없이 모자라기 때문이다(엡 2:8-9). 앞에서 지적한 것처럼, 복음은 이러한 행위의 올무에서 인류를 영원히 해방시켰다.

하지만 때로는 성경이 긍정적인 뜻으로 '일'을 언급하기도 한다. 믿음의 산물로 하나님의 영광을 크게 드높이는 행위가 존재한다는 것이다. 일이니, 행위니, 행실이니 하는 주제를 거론하는 야고보 사도의 이야기에서는 부정적인 기운을 감지할 수 없다. 다

그날 밤, 무려 160가정이 지역의 부모를 잃은 아이들을 위탁 양육하거나 입양하기로 약정했다.

만 그리스도를 향한 믿음을 토대로 형편이 어려운 이들을 사랑하고, 가난한 이들에게 자비를 베풀며, 고통을 당하는 이들을 보살피라고 가르친다. 바울 역시 같은 취지로 "믿음의 역사"(살전 1:3), "모든 선한 뜻과 믿음의 행위"(살후 1:11, 새번역), "믿음이 사랑을 통하여 일하는 것"(갈 5:6, 새번역) 따위의 문구를 사용했다.

혹시 앤디 같은 스타일의 그리스도인인가? 그렇다면 반드시 알아 두어야 할 중요한 사실이 있다. 믿음에서 비롯된 행위가 뒤따르지 않는 신앙은 코미디에 불과하다. 참다운 믿음은 반드시 열매를 맺는다(마 7:15-20).

성경에는 믿음이 행위로 이어지는 본보기가 차고 넘친다. 하나님을 믿었던 아브라함은 자식까지 주님께 드리는 희생 제물로 삼으려 했다(창 15:1-6; 22:1-9, 약 2:20-24). 하나님을 신뢰했던 라합은 목숨을 걸고 그분의 뜻을 좇았다(수 2장, 약 2:25-26). 바울은 하나님의 은혜를 믿으므로 "더 많이 수고"한다고 했다(고전 15:10). 그리스도를 신뢰하는 믿음이 흘러넘치는 까닭에 열심히 일하고 애쓴다는 것이다(골 1:27-29).

그리스도를 믿고 영원한 생명을 얻었는가? 그러하다면 하늘 아버지 앞에서 의롭다는 인정을 받았을 뿐만 아니라 하나님의 친구가 되어 동행하기 시작했다는 의미다(약 2:23). 이것이 진실이다. 예수님은 거듭나게 하는 데서 그치지 않고, 기꺼운 마음으로 그 가르침에 순종하여 사랑을 흘려보내는 삶을 살게 하신다(요 3:1-21;

래디컬 투게더

15:1-17). 그러기에 희생적인 삶을 살라는 그리스도의 급진적인 부르심을 받았을 때, '복음을 듣고 예수를 믿었으니 계명을 지키지 않아도 괜찮아'라든지 '행위와 상관없는 구원을 받았으니 주님의 가르침을 좇지 않은들 무슨 문제가 있겠어?'라고 생각하는 오류에 빠지지 않게 되는 것이다. 하나님이 은혜로 허락하신 믿음은 그리스도인의 내면에서 기가 막히도록 아름다운 열매를 맺는다.

그리스도를 제대로 믿으면 주님을 위해 대단한 일들을 감당하게 되어 있다. 하나님의 마음을 사 보려는 육신의 의도가 깔린 행위가 아니라 주님을 위해 모든 걸 다 내던질 수 있는 믿음에 기초한 사역이다.

출발점은 언제나 은혜다. 구원의 근거(그리스도)는 하나님의 은혜로운 선물이다. 구원의 수단(믿음) 또한 주님의 은혜로운 선물이다. 구원의 열매(행위) 역시 그분의 은혜로운 선물이다. 은혜를 베푸신 하나님은 그렇게 해서 한없는 영광을 받으신다(고전 15:1-11, 엡 2:1-10).

복음은 그리스도인을 일하게 한다.

죄책감에서, 아니면 복음 때문에?

그렇다면 복음은 어떻게 교회를 분발시켜 움직이게 하는가?

복음은 인류를 행위의 중압감에서 해방시켰다. 따라서 그리스도인은 죄책감으로부터 자유로워졌다. 하나님은 그리스도 안에 머무는 이들의 죄를 말소해 주셨다. 세상의 충격적인 현실과 맞서 싸우는 교회에게 이러한 사실은 대단히 중요하다. 하나님의 자녀들은 눈을 열어 복음을 듣지 못한 채 멸망의 길로 치닫거나 음식과 물을 얻지 못해서 말라비틀어져 가는 수십 억 인류를 똑바로 바라보아야 한다.

하지만 조심하고 또 조심해야 한다. 자칫 잘못했다가는 엄청난 통계 수치에 짓눌린 나머지, 아무리 발버둥 쳐도 주님의 기준을 채우지 못한다는 저질스럽고도 악착같은 죄책감에 빠질 수 있기 때문이다. 이런 죄책감은 견딜 수 없는 부담이자 변덕이 심한 동기 요인으로 작용한다. 죄의식을 이기지 못하고 사고와 생활 방식을 바꾸지만 얼마 가지 못한다.

진실하고 지속적인 삶의 변화는 복음을 정확히 믿을 때만 가능하다. 그렇지 않고서는 어떠한 행위나 공로로도 구원의 조건을 충족시킬 방도가 전혀 없다는 사실을 마음 깊이 새기고 늘 떠올리지 못하기 때문이다. 아무리 많은 일을 해도 하나님 앞에서 의로워질 수 없다. 오직 이미 할 일을 다 하신 그리스도를 신뢰해야만 주께 나갈 수 있다.

그런데 그리스도를 믿으면 마음과 생각, 삶이 모두 달라진다. 보고, 느끼고, 행동하는 방식을 주님이 바꿔 놓으시는 까닭이다.

뭇 백성들을 구원하기 위해 목숨까지 내놓으신 구세주의 눈으로 이 세상의 비참한 현실을 보기 시작한다. 복음을 통해 그리스도와 나누는 친밀한 관계가 깊어 가면서 차츰 극단적으로 사랑을 베푸신 예수님의 삶을 닮아 가게 된다.

수준이 떨어지는 죄책감은 내면에서 솟아나는 자발적이고, 절박하며, 즐겁고, 단호하며, 은혜에 감격해 하나님께 영광을 돌리는 고품격 순종에 밀려난다. 어쩐지 죄를 짓는 것 같아서가 아니라 한없이 큰 사랑을 받았으며 남을 위해 희생하는 사랑에서 큰 만족을 얻을 수 있기에 아낌없이 베푸는 삶을 살게 된다. 의무감이 아니라 기대감을 가지고 급진적인 그리스도인의 길을 걷게 된다는 뜻이다.

복음에 이끌려 새 식구를 맞아들이는 입양

예를 들어 보자.

공교롭게도 브룩힐즈교회의 담임목사로 부임할 무렵, 우리 부부는 첫째 아이의 입양 절차를 진행하고 있었다. 그런데 교회에 예전부터 입양 문화가 널리 퍼져 있으리라고는 생각지 못했다. 주위에서는 새 식구를 맞아들인 가정을 쉽게 만나 볼 수 없었다. 친구들 사이에선 아주 이례적인 일로 받아들여질 정도였다. 그래서 입양 수순을 밟고 있다는 사실을 나누면 성도들이 깜짝 놀라거나 호기심어린 질문을 쏟아 낼 줄 알았다. 막상 고백을 하고 나서 보니 여기서는 지극히 익숙한 일이었다. 단번에 네다섯 아이를 맞아들인 가정도 드물지 않았다.

최근 들어 이런 문화가 급속하게 확장되는 추세다. 작년에 야고보서를 공부하면서 잘 알려진 말씀을 다루게 되었다(다시 한 번 경고하건데, 감당할 자신이 없으면 더 읽지 말라!).

"하나님 아버지 앞에서 정결하고 더러움이 없는 경건은 곧 고아와 과부를 그 환난 중에 돌보고 또 자기를 지켜 세속에 물들지 아니하는 그것이니라"(약 1:27).

이 구절을 본문으로 설교할 준비를 하면서 군청 사회사업과에 전화를 걸어 고아나 위탁 아동과 관련해서 도울 일이 있는지 물었다.

담당 과장이라는 여성은 채 질문이 끝나기도 전에 반색을 하며 큰 소리로 대답했다.

"그럼요. 다 말씀드리자면 1박 2일은 걸릴걸요?"

지역의 입양과 위탁 수요를 모두 소화하려면 얼마나 많은 가정이 참여해야 하는지 알고 싶다고 했다.

수화기 너머의 웃음소리가 높아졌다.

"제가 뭘 책임지겠다는 뜻은 아니고요."

황급히 설명을 덧붙였다.

"아이들이 남김없이 보금자리를 찾는 기적이 일어나려면 몇 가

래디컬 투게더

정이나 달려들어야 하는지 알고 싶다는 말씀입니다.”

상대는 한참이나 더 깔깔거리다가 가까스로 마음을 가라앉히고 대답했다.

“그렇게 터무니없는 사태가 벌어지자면 최소한 150가정은 있어야 할 거예요.”

얘기가 어떻게 흘러갈지 짐작할 수 있겠는가?

마침내 야고보서 1장 27절을 본문으로 말씀을 선포하는 날이 왔다. 설교를 마무리 지으면서 성도들을 초대하는 특별한 메시지를 전했다.

“여러분의 중심에서 그리스도가 무어라고 말씀하시는지 들어 보십시오. 우리 지역의 어린이들을 이렇게 도우라고 강권하시는 게 분명하다면, 2주 뒤에 열리는 모임에 참석해 주십시오.”

소식을 들은 사회사업과 공무원들은 벼랑 끝에 몰린 어린이들의 형편을 감동적으로 소개하는 각종 사진과 비디오들을 보내 주었다. 하지만 눈물샘을 자극해서 하나님의 백성들을 움직이고 싶지는 않았다. 우리는 단 한 장의 사진, 단 한 편의 비디오도 공개하지 않았다.

드디어 기다리던 순간이 왔다. 믿음의 식구들이 예배당으로 속속 몰려들었다. 모임이 막 시작되려는데 사회사업과 여직원이 한쪽으로 잡아끌더니 물었다.

“어떻게 이런 결정을 내리셨어요? 무슨 수로 이 많은 사람들을 끌어모으신 거죠?"

눈에는 눈물이 그렁그렁했다.

절로 웃음이 나왔다.

"제가 결정한 건 없어요. 이런 일이 거룩한 백성들에게 꼭 필요하다고 결정하신 분은 하나님이에요. 여기에 동참하지 않고는 견딜 수 없는 마음을 주신 것도 그분이시고요."

그날 밤, 무려 160가정이 부모를 잃은 지역의 어린이들을 위탁 양육하거나 입양하기로 약정했다. 복음에 기대어 중대한 결단을 내린 성도들은 이렇게 고백했다.

"우리 지역의 이 어린이들이 밤마다 사랑의 품에 안겨 잠들 수 있도록 무슨 일이든 다 하겠습니다. 아빠엄마 없는 아이들의 부모가 되어 주시며, 힘없는 이들을 지키시며, 소외된 이들을 보살피시는 하늘 아버지를 바라보도록 키워 가길 원합니다."

지금도 수많은 믿음의 가정들이 인근 지역뿐만 아니라 세계 곳곳에서 맞아들인 새 식구들을 양육하고 있다. 위탁과 입양을 통해 어린 생명을 키우며 얻는 기쁨은 성도들의 가정은 물론 교회 구석구석까지 스며들어 커다란 변화를 일으키고 있다.

희생적인 사랑

복음이 어떻게 이 가정들을 움직여서 궁벽한 처지에 빠진 아이들을 희생적으로 보살피게 했는지 뚜렷하게 설명하는 게 좋겠다. 솔직히 말하자면, 입양이나 위탁 보호 시스템에 들어간다는 건 상당한 희생을 감수해야 하는 도전이었다. 어떤 아이는 태아기 알코올 증후군(산모가 임신 기간 동안 과도하게 마신 술이 아기에게 신체적, 정신적으로 타격을 입히는 현상) 때문에 또래들처럼 똑바로 앉지 못하고 흐느적거렸다. 엄마가 마약에 중독된 상태에서 임신하고 출산한 탓에 뇌손상을 입고 평생 행동장애를 지닌 채 살아가야 하는 꼬마들도 있었다. 어떤 가정에서는 새로 맞아들인 아이가 다른 형제자매에게 신체적인 위해를 가하는 사태가 벌어지기도 했다.

> 급진적인 삶의 근거는 단 하나, 은혜의 복음뿐이다. 고급 주택가에 살던 교인이 집을 팔고 빈민가로 이사한 까닭 역시 복음 때문이었다.

존(John)과 캐런(Karen)의 경우를 보자. 첫째 아들 제이콥(Jacob)을 낳아 키우던 부부는 둘째를 입양하기로 결정했다. 외국에서 마이클(Michael)이란 사내아이를 맞아들여 아들로 삼은 것이다. 새 식구가 생기자마자 캐런은 임신을 했고 셋째 아이를 낳았다. 안타깝게도 막내아들 대니얼(Daniel)은 다운증후군을 가지고 태어났다. 성치 않은 몸으로 하루하루 일상의 도전을 헤쳐 가는 것도 모자라서 시시때때로 발작을 일으켰으며 끊임없이 성장호르몬 주사를 맞아야 했다. 존은 말한다.

"아이를 방바닥에 눕힌 채 단단히 붙잡고 있으면 아내가 주사를 놓았습니다. 일주일에 엿새씩 그런 난리를, 아이가 열여섯 살이 될 때까지 계속 치러야 했습니다."

입양한 아들 마이클은 심각한 학습장애와 행동장애를 보여서 누군가 달라붙어 잠시도 눈을 떼지 않고 지켜봐야 했다. 엎친 데 덮친 격이었다. 유치원조차 한군데를 꾸준히 다닐 수가 없었다. 존은 그 몇 년 동안 결혼과 가정은 물론이고 하나님과의 관계마저 중대한 고비에 직면했었다고 털어놓았다. 입양을 결정할 당시만 해도 상상조차 못한 사태였다.

존과 캐런 부부만 그런 게 아니었다. 어떤 부모는 독특한 방어기제를 가진 아이가 언제 어디서나 거부감을 드러내는 바람에 사랑을 주고받지 못해 괴로워했다. 눈에 보이지 않는 고치 속에 틀어박혀 좀처럼 고개를 내밀지 않는 녀석들이 있는가 하면, 조금만 건드려도 폭발하는 꼬맹이들도 있었다. 신체적으로나 성적으로 폭행을 당한 경험이 있는 친구들은 자신을 학대하는 성향을 보였다. 입양의 어두운 초상을 드러내자는 게 아니다. 이처럼 고통스러운 사례만 있는 건 아니다. 다만 도움의 손길을 기다리는 아이들 가운데는 온갖 사례가 다 존재할 수 있음을 사실 그대로 설명하려는 것뿐이다.

무엇이 존과 캐런을 비롯한 여러 부모들로 하여금 그런 상황들을 견뎌 내게 했을까? 막다른 골목에 몰려서 어떻게 해야 좋을

래디컬 투게더

지 막막해하는 순간, 어떻게 힘을 얻었을까? 일차원적인 죄의식
은 더 이상 동기나 동력이 될 수 없었다. 단란한 가족사진을 찍어
서 크리스마스카드로 쓰겠다는 꿈은 진즉에 사라졌다. 이들이 포
기하지 않고 기운을 차려서 꿋꿋이 제 길을 갈 수 있었던 건 오직
행위의 올무에서 건져 내서 새 일을 하게 하는 복음의 능력 덕분
이었다.

자력으로는 감당할 수 없는 일이라는 걸 존과 캐런은 일찌감치
깨달았다. 제 힘만으로는 식구들을 먹여 살리고 가정을 꾸려 나
가기에도 벅찼다. 며칠 전, 존이 이메일을 보냈다.

목사님, 이 두 녀석의 아버지가 된다는 게 한없이 고달픕니다. 갖
가지 어려움을 기쁨으로 끌어안을 수 있도록 기도해 주십시오. 이
런 일을 맡기신 분이 하나님임을, 그리고 주님의 뜻은 언제나 선
하심을 믿습니다.

존과 캐런 같은 부모들이 고통을 감내해 가며 하나님께 영광을
돌리는 일을 줄기차게 감당하는 단 하나의 근거, 또는 토대가 있
다면 그건 바로 주님을 전폭적으로 의지하는 신앙일 것이다.

아직도 이런 이야기를 들으면서 '그러게 누가 입양을 하래?'라
고 생각하는 이들이 있을지 모르겠다. 책임감이 강한 이들이라면
이런 상황에 말려드는 것 자체를 꺼릴 수도 있다. 하지만 이런 부

모들은 사태를 달리 볼 줄 알았다. 언제 만나든 이들은 힘들다는 소리보다 즐겁고 신난다는 얘길 먼저 꺼내 놓는다. 그때마다 얼마나 감동을 받는지 모른다.

얼마 전, 마이클의 생일잔치를 치르며 존과 캐런은 큰 기쁨을 경험했다. 아이 엄마가 쓴 일기의 한 대목이다.

오늘 아침, 온 식구가 둘째의 방에 몰려가 힘차게 외쳤다. "생일 축하해!" 옷을 입히는 사이에도 녀석은 함박웃음을 지으며 껑충 껑충 뛰었다. 그러더니 문득 정색을 하고 말했다. "생일을 주셔서 고맙습니다!"

한동안 아무 말도 할 수가 없었다. 마이클의 얘기가 아니라 하나님이 주신 선물 같았다.

고아원에서는 생일이 없었을 것이다. 이름이 새겨진 티셔츠를 선물 받지도 못했을 것이다. 케이크를 만들어 주고 축하 노래를 불러 줄 가족도 없었을 것이다. 선물이나 케이크, 노래 그 자체는 대수로운 게 아닐지 모른다. 정상적인 가정에서 자란 이들이라면 그러려니 할 수도 있다. 중요한 대목은 누가 됐든 곁에 있다는 것, 서럽게 울 때 달려와 줄 이가 있다는 것, 실수를 저질러도 변함없이 사랑해 줄 존재가 있다는 사실이다.

마이클은 강한 아이다. 태어나서 첫 두 해 동안 어떤 일을 겪었는지는 아무도 모른다. 그러나 하나님이 둘째를 지으셨고 가장 아름다운 모습으로 빚으셨다는 점만큼은 분명하다. 화가 나고 슬퍼서 머리를 쥐어뜯게 만들 날이 앞으로도 수두룩하겠지만 녀석의 엄마가 되는 특권을 누리게 하신 하나님께 진심으로 감사한다.

복음에 토대를 둔 순종은 복음으로 충만한 기쁨을 낳는다. 복음은 헌신적인 삶의 열쇠이며 포기하지 않도록 붙들어 주는 가장 강력한 동기다. 복음은 인류의 과거를 일깨워 준다. 우리는 너나없이 죄에 물든 본질을 어찌하지 못하고 사악한 욕구에 사로잡혀 살았던 진노의 자식이었다. 그럼에도 불구하고 하나님은 끈질기게 찾아다니셨고 결국 구원을 베풀어 주셨다. 사랑으로 입양해서 아들딸로 삼으신 것이다.

세상에 혼자 남은 아이들, 또는 도저히 사랑할 수 없는 친구들을 알고 있다면 조금씩 가족으로 끌어안을 필요가 있다. 왜냐고? 복음을 믿기 때문이다. 복음을 제대로 받아들인 그리스도인에게 희생적인 사랑은 의무가 아니라 기쁨이다.

급진적 삶의 유일한 근거, 복음

급진적인 삶의 근거는 단 하나, 복음뿐이다. 지난주에 만나 이야기를 나눈 가족이 갓난아이까지 데리고 지구상에서 가장 위험한 지역에 들어가 예수를 모르는 이들과 어울려 살기로 결정한 이유도 복음이다. 고급 주택가에 살던 가정이 집을 팔고 변두리 빈민가로 이사한 까닭 역시 복음이다. 잘나가던 사업가들이 자산을 처분해서 형편이 어려운 교회를 지원하는 동기 또한 복음이다. 대학 졸업을 앞둔 젊은이들이 성공 신화를 외면하거나 노인들이 안정된 생활을 포기하고 더 고상한 목표를 추구하는 사유도 복음이다.

그리스도인들이 판에 박힌 삶의 패턴을 깨트리고, 돈 씀씀이와 쓰임새를 조절하고, 새 식구를 맞아들이고, 비전을 키우고, 사고방식을 바꾸고, 세상을 향한 하나님의 뜻을 이루는 일에 삶을 드리는 건 죄다 복음 때문이다. 하나님의 복음이 교회 안에 뚜렷이 자리 잡을수록, 그리스도인들은 하나님의 영광을 위해 더할 나위 없이 큰 기쁨을 만끽해 가며 주님의 은혜에 기대어 더욱 열심히 일하게 마련이다.

하나님의 인정을 받을 욕심에 끊임없이 일만 하다가 그 무게에 눌려 지쳐 가는 애슐리 스타일의 그리스도인으로 가득한 교회가 되지 않도록 조심해야 한다. 목회자를 비롯해 이른바 교회 지도자에 해당하는 이들이라면 더욱 주의를 기울여야 한다. 개인적으로는 그동안 해 왔던 수많은 일들 가운데 하나님의 양 떼를 은혜로 보살피는 목자의 자세를 잃어버리고 무작정 밀어붙이기만 했던 사례를 떠올릴 때마다 참담한 마음을 떨쳐 버릴 수가 없다.

그렇다. 복음이 그리스도인을 일하게 하는 건 틀림없는 사실이다. 하지만 은혜의 복음이라는 토양에 어떤 도전과 선언, 결정, 사역, 질문, 고백, 권면을 받아들여 단단히 뿌리내리게 할지는 면밀히 검토하고 신중하게 고려할 필요가 있다.

복음을 내세우면서도 삶으로 드러내는 데는 인색한 앤디 스타일 그리스도인들이 넘쳐 나는 교회가 되는 것 역시 바람직하지 않다. 목회자와 리더들은 이번에도 한층 더 주의를 기울여야 한다. 성도들은 앞서가는 이들을 바라보며 따라가기 때문이다. 급진적인 은혜의 복음을 선포할 뿐만 아니라 철저하게 의로운 삶의 모습을 구현해 보이는 일이야말로 지도자들이 마땅히 감당해야 할 사명이다. 바른 신앙을 부르짖는 데 그치지 않고 자신을 아낌없이 세상에 내어 주는 사랑의 화신이 되어야 한다.

교회에서 어떤 책임을 맡고 있든지 간에, 길 잃은 양을 사랑하지 못하거나 가난한 이웃을 불쌍히 여기지 않는다면 자신을 속이고 있는 셈이다.

하나님의 선하심을 신뢰하는 마음으로 내면에 가진 복음이 열매를 맺게 해 주시길 함께 기도하자. 행위의 올무에서 벗어나게 해 주는 동시에 또한 일하게 하는 복음을 교회에 여실히 드러내 보이자.

chapter 03

래디컬 공동체의 기초는 '말씀'이다

경험이 아니라 말씀의 원리로 사역하라

인간이 아니라 말씀이 일한다.

몇 년 전에 경험한 어느 예배 때 일이다. 맨 앞줄에 앉아 초청 강사가 강단을 전후좌우로 누비며 설교하는 걸 지켜보고 있었다. 인근에서는 누구라면 다 알 만큼 유명한 설교자여서 메시지를 전할 때마다 수많은 이들이 몰려들었다. 그런데 첫마디부터 수상쩍은 냄새가 났다.

"오늘 밤에는 깜빡하고 성경을 안 가져왔군요."

성경도 없이, 강사는 설교를 계속했다. 어떤 말씀을 전하길 원하시는지 알려 달라고 하나님께 며칠씩 기도했노라고 했다. 주변을 산책하고, 커피숍에 들어가고, 서재에 앉아 고민했던 과정을 상세하게 묘사했다. 워낙 재미있고, 재기발랄하며, 열정이 넘쳐서 잠시도 다른 생각을 할 수가 없었다.

마침내 마무리할 때가 됐다. 강사의 말을 그대로 옮기자면 이랬다.

"하나님이 무슨 이야기를 하라고 하시는지 알아내려고 갖은 수를 썼지만 심중에 떠오르는 게 없었습니다. 문득, 오늘 밤에는 주께서 특별히 전하실 말씀이 없는 게 아닌가 싶더군요."

그러더니 마무리 기도를 하고 강단에서 내려갔다.

어안이 벙벙했다. 성경을 손에 쥔 채 얼어붙은 듯 가만히 앉아 곱씹었다. '오늘 밤에는 주께서 특별히 전하실 말씀이 없는 게 아닌가 싶다고?' 당장 내 손에만 해도 전집 한 질이 들어 있었다. 하나같이 명명백백한 하나님 말씀으로만 예순여섯 권이었다. 그런데도 주님이 들려주고픈 이야기가 없으신가 보다니, 그야말로 어불성설이었다. 속으로 강사에게 소리쳤다. "성경을 펼치고 어디든 읽어 보세요. 그럼 하나님 말씀을 들을 수 있을 거예요. 레위기도 마찬가지죠. 읽기만 하면 주님은 어김없이 메시지를 들려주신다니까요!"

그런 경험을 해서 얼마나 감사한지 모른다. 평생 지워지지 않을 깊은 인상을 남겼기 때문이다. 개인적으로든, 아니면 교회에서든 그리스도인은 하나님의 계시 없이 살 수 없다. 거룩한 자녀들은 항상 주님의 음성을 듣는다. 힘 있고, 권위가 넘치며, 명확

래디컬 투게더

하고, 단호하다. 하나님의 가르침을 얻으려고 발버둥 칠 필요가 없다. 이미 주신 말씀을 그저 믿고 의지하는 걸로 충분하다. 그렇게 하기만 하면 하나님 말씀은 거룩한 백성들 사이에서 주님의 역사를 스스로 완성해 가신다.

말씀에 의지하여

잠시 목회자와 사역자, 소그룹 리더들을 비롯해서 하나님의 자녀들에게 영향력을 행사할 수 있는 이들에게 특별히 이야기하고 싶은 게 있다. 어떻게 하면 그리스도인들이 자기를 부인하고 세상으로 나가 하나님의 영광을 위해 살도록 마음을 움직이고 동기를 부여할 수 있을까?

혁신적이고 창의적이어야 한다고 주장하는 책과 강좌들이 사방에 넘쳐 난다. 장사꾼 기질에 매력적인 외모를 겸비해야 한다고도 한다. 그런데 성경만큼은 그런 특성들을 교회 지도자의 요건으로 꼽지 않는다.

예수님은 모든 민족을 제자로 삼아 하나님 말씀을 가르쳐 지키게 하라고 말씀하셨다. 성경의 가르침은 뚜렷하다. 교회에 속한 거룩한 백성들을 분발시켜서 세상에 주님의 영광을 널리 드러내는 제자로 키우길 원하는 리더라면 하나님 말씀을 신실하게 따르며 능숙하게 전달할 줄 알아야 한다는 것이다(마 28:20, 딤전 3:2).

교회를 이끌어 가는 입장에서 나는 이 진리를 통해 커다란 위로
와 자신감을 얻었다.

브룩힐즈교회와 목회자 청빙 문제로 처음 대화를 나눴던 날을
잊을 수가 없다. 허리케인 카트리나로 집을 잃고 애틀랜타에서
이재민 노릇을 하던 시절이었다. 날이면 날마다 아내와 머리를
맞대고 뉴올리언스로 돌아갈 궁리만 했다. 거기에 있는 신학교에
서 학생들을 가르치고 있었기 때문이다.

그 무렵, 브룩힐즈교회의 당회장이 사임했고, 청빙위원회가 구
성되어 새로운 목회자를 수소문하기 시작했다. 그리고 몇 달 뒤,
그곳에 가서 메시지를 전할 일이 생겼다. 요샛말로 '땜빵'인 줄
알았는데, 알고 보니 임시 목회자로 내정된 상태였다. 당사자인
내 의사는 묻지도 않고 내려진 결정이었다. 최소한 몇 달 동안은
형편이 허락되는 한, 언제라도 기꺼이 달려와서 주일 설교를 맡
겠노라고 약속했다. 물론, 속으로는 최대한 빨리 가족들과 함께
뉴올리언스로 돌아가겠다는 생각뿐이었다.

그렇게 몇 주가 지났다. 그날도 브룩힐즈교회에서 설교를 마치
고 애틀랜타까지 세 시간 넘게 달릴 요량으로 차에 올랐다. 앨라
배마 주와 조지아 주 경계선을 막 지나는데 전화가 왔다. 청빙위
원회 대표라면서 시간을 잡자고 했다.

"다음 주중에 뵐 수 있을까요? 목사님을 차기 당회장으로 모시
자는 데 잠정적인 합의를 봤거든요."

잘못 들은 게 아닐까?

목회는 꿈도 꿔 보지 않았다. 신학교에서 학생들을 가르치고 함께 세계 곳곳을 돌며 복음을 전하는 게 너무도 좋았다. 다른 일을 해 볼 생각은 눈곱만큼도 없었다.

한편 교회 쪽에서는 어땠을까? 일단 최상의 선택이 아니었던 것만큼은 분명하다. 무엇보다도 내게는 목회 경험이 전혀 없었다. 몸집 큰 대형 교회가 풋내기를 데려다 담임목사로 세우겠다니, 누구라도 고개를 갸우뚱할 일이었다. 그만한 교회라면 앞에서 이 끄는 건 고사하고 성도가 되는 방법조차 가늠하기 어려웠다. 우리 부부가 뉴올리언스에서 다니던 교회는 가장 붐비는 주일 오전 예배라고 해도 참석자가 2백 명을 넘지 않았다. 그런데 브룩힐즈 교회는 성도가 수천 명이나 되고 수십억 원에 이르는 예산을 굴렸다. 몇 푼 안 되는 생활비조차 관리할 줄 모르는 얼치기가 덤벼들 규모가 아니었다.

그래도 신중하고 면밀하게 제안을 검토했다. 사실, 청빙을 받았다는 것 자체만으로도 큰 영광이었다. 대표에게 말했다.

"언제든지 시간과 장소를 잡아 주시면 아내와 함께 나가서 점심 한 끼 맛있게 얻어먹겠습니다. 하지만 주님이 과연 저를 브룩

> 주님이 들려주고픈 이야기가 없으신가보다니, 그야말로 어불성설이다. 성경을 펼치고 어디든 읽어 보라. 읽기만 하면 주님은 어김없이 메시지를 들려주신다.

힐즈교회의 차기 당회장으로 세우길 원하시는지는 확실치가 않군요."

그때까지만 해도 두말할 여지가 없다고 믿었다.

날이 잡혔다. 브룩힐즈교회의 담임목사가 될 수 없는 온갖 이유로 중무장을 한 채, 아내와 함께 약속 장소로 나갔다. 풍부한 경험과 전문적인 능력, 지혜로운 품성을 갖춘 인물이 필요하다는 점을 물샐틈없이 탄탄한 논리로 설명했다. 내게선 볼 수 없는 자질들이었다. 이런 대화 자체가 시간 낭비라는 말로 깔끔하게 만남을 매듭짓고 차에 올랐다. 한시라도 빨리 뉴올리언스로 돌아가고 싶은 마음만 굴뚝같았다.

그러나 하나님의 계획은 180도 달랐다. 그 뒤로 몇 주 동안, 그분은 여러 요인들을 이리저리 주무르셔서 청빙위원들로 하여금 '주님이 원하는 카드는 데이비드 플랫'이라고 결론짓게 만드셨다. 그럼에도 불구하고 내 안의 의구심은 좀처럼 사라지지 않았다. 목회자로서 브룩힐즈교회를 어떻게 이끌어 갈 것인가? 중책을 맡고 소임을 다할 방도를 짐작조차 할 수 없다는 막막함이 숨통을 조였다.

바로 그때, 주님이 문제를 해결할 열쇠 꾸러미를 던져 주셨다. 하나님 말씀이었다. 예수님의 가르침은 단호했다.

"나를 떠나서는 너희가 아무 것도 할 수 없음이라. … 너희가 내 안에 거하고 내 말이 너희 안에 거하면 무엇이든지 원하는 대로 구하라. 그리하면 이루리라"(요 15:5, 7).

거룩한 백성들을 인도하는 능력은 본질적으로 인간의 경험이나 재주에서 비롯되지 않음을 주님은 확실하게 일깨워 주셨다. 하나님의 영과 진리에 내재된 권능에서 나온다는 사실을 분명히 깨닫게 하신 것이다.

때마침 성경과 더불어 데이비드 브레이너드(David Brainerd)의 일기를 읽고 있었다. 알다시피 글쓴이는 아메리카 원주민들과 어울려 살며 복음을 선포했던 신실한 선교사였다. 그럼에도 불구하고 글에는, 능력이 턱없이 부족해서 하나님이 맡기신 사명을 제대로 감당하지 못한다는 탄식이 줄을 잇는다. 신앙의 영웅조차도 역량이 한없이 부족하다는 자의식에 눌리곤 했던 것이다. 브레이너드를 본받아 똑같은 기도를 드리기 시작했다.

"주님, 거룩한 뜻을 위해 지금 됨됨이와 전혀 어울리지 않는 존재로 날 변화시켜 주소서."[3]

충성스러운 선교사에게 배운 대로, 담임목사 청빙 과정뿐만 아니라 실제로 브룩힐즈교회에 부임해서 수많은 성도들을 이끌고 있는 지금까지도 같은 기도를 드린다.

아직도 목회의 모든 영역에 걸쳐 초보 수준을 벗어나지 못하는 게 현실이다. "아직 나가고 들어오고 하는 처신을 제대로 할 줄 모릅니다"(왕상 3:7, 새번역)라는 솔로몬의 고백이 수시로 튀어나온다. 지혜, 성경에서만 얻을 수 있는 특별한 지혜가 절실하다.

하나님은 리더들로 하여금 말씀에 의지해서 저마다의 됨됨이와는 전혀 어울리지 않는 방식으로 주님의 자녀들을 인도하게 하신다.

살아 움직이는 하나님의 말씀

전폭적으로 하나님을 믿고 따르는 순종의 합리적인 이유가 있다면, 그렇게 말씀하시는 분이 인생의 원작자요 창조자시며 통치자이신 하나님 자신이기 때문이라는 사실뿐이다. 따라서 세상의 눈에 그리스도인들은 누군가가 그러라고 했다는 이유만으로 극단적인 희생을 마다하지 않는 어리석은 인간들로 비칠지 모른다. 그럼에도 불구하고 리더들을 비롯하여 그리스도를 따르기로 작정한 이들은 단지 그 이유 하나만으로 너나없이 말씀에 의지해야 한다.

교회 구성원들은 인간이 아니라 주님이 가르쳐 주신 진리에 목숨을 건다. 개인적으로도 그렇고 교회 전체로도 마찬가지다. 따라서 그리스도인들은 하나님 말씀을 배불리 먹는 잔치가 교회에서 1년 사시장철 열리길 소망해야(더 나아가 요구해야) 한다. 그러지 않고는 세상에 교회를 설명하며, 확산시키고, 튼튼히 세워 갈 길이 없다.

브룩힐즈교회에서 목회를 시작한 뒤로 주일마다 한 가지에 공을 들였다. 성경의 탁월함을 부각시키고 그 가르침을 모든 계획과 우선순위, 프로그램의 중심으로 삼아야 한다는 점을 강조한 것이다. 하나님 말씀을 떠나서는 담임목사가 아니라 그 어떤 그리스도인도 무기력한 존재가 될 수밖에 없으며 교회 또한 힘을 잃게 마련이다. 하지만 주님이 주신 성경 말씀과 보조를 맞추면 세상을 향한 창조주의 뜻을 이뤄 가는 데 동참할 수 있다.

민음으로 한 가족이 된 그리스도인들 사이에서 하나님이 하셨던, 그리고 하시는 모든 일들은 예외 없이 말씀 연구를 바탕에 깔고 있다. 정직한 심령으로 야고보서를 붙들고 씨름하는 동안 브룩힐즈교회 성도들에게 벌어진 갖가지 사건들은 이미 이야기한 바 있다. 말씀이 변화를 몰아온 사례는 무궁무진하다.

마태복음 7장 13-27절을 공부하면서는, 실상은 그렇지 못한데도, 하나님 앞에서 스스로 의로운 줄 알았던 인간들의 초상을 보며 두려움에 사로잡혔다. 이어서 복음이란 무엇인지, 그리고 어떻게 인류를 죄에서 건져 내며 구원의 완성을 보증하는지 알려주는 로마서 3장, 요한복음 3장, 빌립보서 1-2장, 요한일서 같은 본문들을 살폈다. 성경을 펼쳐 놓고 복음을 공부하면서 삶의 갈피마다 그 손길이 스며드는 과정을 깊이 깨달을수록, 혼자 묻고

3 경험이 아니라 말씀의 원리로 사역하라

답하는 일이 더 잦아졌다.

'정말 복음을 믿는가? 수없이 선포하는 그 복음을 진정 신뢰하는가? 복음이 한 점 거짓 없이 참되다면, 나는 물론이고 교회와 주변 세계까지 엄청난 영향을 미쳐야 마땅하지 않은가?' 이런 질문들을 수없이 되씹는 사이에 차츰 개인적인 확신이 생겼다. '급진적'이라는 표현이 딱 들어맞는 진리를 삶으로 구현하는 목회를 해야겠다는 의지가 확고해진 것이다.

하지만 문제가 생겼다. 그런 본문을 집중적으로 다루자, 하나님을 위해 얼마나 큰일을, 얼마나 많이 하느냐로 경건을 정의하는 성향이 교회 안에 퍼지기에 이른 것이다. 철저하고도 급진적인 순종을 강조하는 와중에 은혜의 복음을 바라보는 시선이 흔들리고 말았다. 우려를 씻어 내기 위해 곧장 은혜가 신앙생활의 중심이 되어야 함을 일깨우는 갈라디아서 말씀을 선포하기 시작했다. 야고보서를 끝낸 지 얼마 안 된 시점이었다. 하나님은 믿음에 근거한 은혜가 어떻게 하나님의 영광을 위한 일과 연결되는지 알려 주셨다. 결과적으로, 이처럼 성경에 깊이 침잠한 덕에, 예전에는 감히 생각조차 못했던 희생을 감수하고 과거에는 내릴 수 없었던 결단을 내리는 게 가능했다.

간단히 말해서, 하나님의 일을 하게 만드는 원동력은 주님의 말씀이다. 성도들이 더러 농담 반 진담 반으로 "목사님, 그런 말씀을 하시다니, 제정신이세요?"라고 묻곤 하는데, 얼마나 짜릿

래디컬 투게더

한지 모른다. 곧바로(대부분) 이런 말이 뒤따라오는 까닭이다. "그래도 하나님 말씀을 그대로 옮기시니, 따를 수밖에요." 제아무리 소리 높여 이러저러 해라, 이리저리 가라 해도 인간의 말은 아무 소용이 없다. 하나님 말씀의 권세가 교회 안에 선포되어야 비로소 거룩한 자녀들이 가진 잠재력이 세상에 표출되는 법이다.

말씀의 허점을 인간의 목소리로 채운다?

주제 중심이든 이야기식이든, 한 구절 한 구절 풀든 이 책 저 책 오가며 말씀으로 말씀을 해석하든, 대화식이든 교리적이든 어느 특정한 성경교수법이나 설교방법론을 옹호하고 지지하자는 게 아님을 기억하면 좋겠다. 세상에 하나님의 영광을 드러내고 싶다면 주님의 말씀을 교회에서 전하는 모든 가르침의 핵심으로 삼아야 한다(딤후 3:10-4:5). 그밖에 다른 방식으로 교회를 발전시킬 수 있다고 믿는다면, 그건 천하에 어리석은 생각이다.

이쯤에서 의구심이 들 수도 있다. 그것만 가지고 될까? 교회에서 그냥 하나님 말씀을 가르치기만 해도 그리스도인들이 일어나 물불을 가리지 않고 온 천지에 하나님 이름을 드높인다는 게 과연 현실성 있는 얘기일까? 그걸 두고 어떻게 급진적이라고 평가할 수 있는가? 성경을 가르치고 선포하는 일이야 이미 모든 교회에서 하고 있지 않은가?

불행하게도 전부 그렇지는 않다. 성경을 가르치고 말씀을 선포하는 게 예전만큼 먹혀 들어가지 않는다는 주장이 속속 제기되는 게 이 시대의 실상이다. 얼마 전에 들은 강의만 해도 그랬다. 이른바 '교회 갱신' 전문가라는 강사는 과거와 달리 지금은 말로만으로는 성경 메시지를 전달하기 어렵다고 단언했다.

"현대사회의 청중들에게 핵심을 정확하게 인식시키길 원한다면 반드시 음악적인 기법을 동원해야 합니다."

선뜻 납득이 가지 않았다. 강사 말대로라면, 수천 년 동안 원활하게 이뤄지던 말을 통한 의사소통이 이제 역사적 종점에 이르렀다는 뜻인데, 도무지 믿기지가 않았다(게다가 정작 자신도 노래가 아니라 말로 강의를 이끌고 있지 않은가? 이만저만 모순이 아니었다).

말로 메시지를 전하는 걸 지지하는 이들 가운데도 상당수는 하나님 말씀만 가지고는 충분치 않다는 관념을 가지고 있다. 현대인들이 생활 현장에서 마주치는 문제들에 직접적인 답을 주지 못한다고까지 주장한다.

교회마다 말썽 피우는 자식과 한바탕 전투를 치르는 부모, 이혼의 상처에서 헤어나려고 안간힘을 쓰며 홀로 아이를 키우는 엄마, 재정적인 압박을 받는 남녀, 두려우리만치 버거운 도전에 직면한 직장인, 암에 걸린 사랑스러운 식구 탓에 힘들어하는 가정들이 수두룩하다. 세상은 묻는다. 이처럼 곤경에 빠진 이들에게 이스라엘 백성과 모압 족속의 갈등을 가르치는 게 정말 도움이 되리라고 생각하는가? 확신이 흔들리는 교회들은 하나님 말씀을 축소하기 시작한다. 성경의 가르침을 하찮게 여긴다는 얘기가 아니다. 그것만으로는 부족하다고 여긴다는 뜻이다.

성도들은 무언가 다른 걸 요구하고 리더들은 그 필요에 맞춰 색다른 걸 제공하려고 동분서주한다. 소그룹에서든 주일 강단에서든, 성경 말씀을 한두 절(또는 한두 가지 이야기) 읽어 치운 다음에는 긍정적인 마음가짐, 감동적인 예화, 창의적인 아이디어, 개인적인 의견 따위로 나머지 여백을 채운다. 신간 기독교 서적, 각광을 받는 첨단 리더십 기법, 회복의 지름길을 장담하는 최신 이론, 족집게처럼 정확하다는 재정 자문, 결혼과 가정 문제를 해결하는 최상의 해결책 따위를 닥치는 대로 뒤지고 다니면서 거기서 무언가를 끌어내려 한다.

물론 동기는 높이 살 만하다. 곤경에 빠진 이들에게 이스라엘과 모압에 관한 설교보다 훨씬 피부에 닿는 도움을 주려는 심정은 이해가 간다. 하지만 "서로 다른 세대의 다양한 필요를 채우는 데는 성경 말씀을 동원하는 게 도리어 핸디캡이 될 뿐"이라는 판단은 심각한 문제다. 월터 카이저(Walter Kaiser)는 말한다.

"그래서 목회자들은 기독교 서점에 넘쳐 나는 '회복'을 주제로

한 대중심리학 서적에서 메시지를 끌어내는 쪽으로 급격히 기울고 말았다. 성도들이 돌아와 여태 지어 놓은 커다란 예배당을 지탱해 주길 기대한다면 다수가 귀를 쫑긋 세우고 기다리는 이야기를 전해야 한다는 시장 논리가 교회를 지배하고 있다."[4]

선한 의도에서 시작한 일이 어떤 문제를 일으킬지 짐작할 수 있겠는가? 얼마 지나지 않아, 교만이 하늘을 찌를 것이다. 성경 말씀은 부족한 구석이 너무 많아서 한 주 한 주, 목회자의 생각이나 의견으로 허점을 메우지 않으면 거룩한 백성들에게 하나님 뜻을 정확하게 전달할 수 없다는 착각에 빠지게 된다.

하지만 주님은 높고 높은 하늘에 가만히 물러앉아, "내 아들딸들이 21세기를 헤쳐 나가다 부닥치게 될 이 갈등, 저 상황을 잘 알거나 생각해 볼 여유라도 있으면 뭐라 해 줄 말이 있을 텐데, 참 안타깝군. 그래도 지혜로운 목회자와 리더들이 있어서 내가 어찌하지 못하는 공백을 채워 주니 얼마나 감사한고!"라고 중얼거리시는 분이 아니다. 어림 반푼어치도 없는 얘기다. 주님은 성경 안에다 세상을 사는 데 필요한 모든 가르침을 담아 인류에게 선사하셨다.

더러는 손사래를 치며 펄쩍 뛸지도 모른다. "오늘을 사는 현대인들이 실생활에서 마주치는 갖가지 상황에 딱 들어맞는 말씀이 빠짐없이 들어 있다고요? 에이, 그럴 리가요!"라고 말할 수도 있다. 무슨 의미인지는 알겠다.

래디컬 투게더

하지만 주님이 성경을 주신 뜻은 아이들을 잘 양육하는 요령이
나, 리더십을 키우는 비결, 재정 설계를 위한 자문처럼 21세기를
사는 현대인들이 촉각을 곤두세우고 기대하는 이야기를 들려주
자는 게 아니다. 말씀을 기록해서 넘겨 주신 목적은 시대와 장소
를 가리지 않고 모든 이들을 변화시켜 예수님의 형상을 닮아 가
게 하는 데 있다. 하나님은 자녀들에게 가장 시급한 게 무엇인지
정확하게 알고 계시며 그 목표를 달성하기에 성경은 한 점 부족
함이 없다.

자녀 교육, 결혼 생활, 재정 관리를 비롯해서 현대인들이 알고
싶어 하는 긴요한 이슈들을 하나도 놓치지 않고 일일이 답해 줄
수 있는 목회자나 리더는 어디에도 없다. 누구도 그만큼 선하지도,
유능하지도 않다. 하나님은 거룩한 백성들이 특정한 교회 지도자
를 과도하게 의존하거나 추앙하는 불건전한 기류가 형성되는 것
을 바라시지 않는다.

하나님은 성도들의 궁금증을 남김없이 풀어 주고 한 사람 한
사람이 당면한 상황을 해결할 지침을 제시하라고 리더들의 손에
성경책을 쥐어 주신 게 아니다. 사람들을 그리스도의 형상으로
변화시키는 도구로, 또한 동시에, 어떤 상황에 부닥치든 구체적
으로 조언하실 뿐 아니라 손을 잡고 함께 곤경을 돌파해 가시는
성령님을 만나는 도구로 주셨을 따름이다. 목회자를 비롯한 지도
자들이 성경 말씀을 그 목적에 맞게 사용하면 성도들 사이에 하

나님의 영을 의지하고 마음을 다해 하나님의 영광을 사모하는 건강한 흐름이 생기게 마련이다.

그렇게 보면, 이스라엘과 모압의 역사는 분명히 다뤄 볼 가치가 있는 이야기다. 가령, 롯과 딸 사이의 근친상간이 어떻게 모압이라는 멸시받는 민족을 낳았는지 살펴볼 필요가 있다(창 19:30-38). 이스라엘 남성들이 어떻게 모압 여인들에게 빠져 성적으로 타락했으며 그 결과 얼마나 많은 이들이 목숨을 잃는 사태가 벌어졌는지 연구할 가치가 있다(민 25:1-9). 하나님이 아무도 예상치 못한 방식으로, 은혜를 입을 자격이 없는 모압 여인 룻을 선택하고 이끄셨던 과정 역시 추적할 가치가 있다. 하나님은 룻의 절망적인 상황에 개입하셔서 고통을 큰 기쁨으로 바꾸셨다(룻 1-4장). 주님은 그 이방 여인을 이스라엘 가문에 편입시키시고 훗날 세상을 구원할 예수님의 가계를 이루게 하셨다(마 1:1-17).

이런 이야기들은 그리스도인들이 21세기의 온갖 어려움을 헤쳐 나가는 데 어떤 도움을 줄 수 있을까? 직장인들에게는 출세의 사다리를 기어오르려 발버둥치는 데 시간을 낭비할 필요가 없음을 일깨운다. 우주를 지으신 하나님이 잠시도 눈길을 떼지 않고 지키시며 무얼 잘해서가 아니라 존재 그 자체를 귀하게 보시고 은혜를 베푸시기 때문이다. 암에 걸린 식구를 붙들고 괴로워하는 가족에게는 삶을 주관하시는 분은 오직 하나님 한 분뿐이며, 참다운 만족을 빚어 가시는 중이라는 사실을 상기시킨다. 또한 주

래디컬 투게더

님의 백성들에게 지상 최대의 특권은 으리으리한 집에 살고, 엄청난 업적을 이루고, 어마어마한 돈을 버는 게 아니라 예수님의 가계에 들어가 그 안에서 생명을 얻고 그분을 위해 사는 것임을 알려 준다.

말씀은 이런 역사를 일으킨다.

문제는 그 카드를 과감히 꺼내 들 수 있느냐 하는 것이다. 교회에 영향을 미치는 리더로서 거룩한 자녀들에게 스스로의 재치와 생각, 조언과 충고를 내놓는 대신 하나님 말씀을 제시할 수 있는가? 교회에 속한 성도로서 하나님이 저마다의 형편과 사정을 모두 헤아리시고 말씀을 주신다는 사실을 깊이 신뢰할 수 있는가? 잘나가는 경영인이 되거나, 자산을 잘 관리해서 큰 이윤을 내거나, 자식을 잘 가르치는 것보다 하나님을 알고 주님과 동행하는 게 더 시급한 일임을 절감하고 있는가?

그렇다면 이제 하나님이 주님의 백성들을 움직이시는 방법의 핵심을 짚어 보자.

복 주기로 진즉에 작정하신 하나님의 계획

논의를 한 단계 더 진전시키자. 교회에서 진행되는 교육과 선포의 기초가 하나님 말씀이라는 데는 재론의 여지가 없다. 하지만 전략을 수립하고 계획을 짜는 데도 주님의 가르침이 토대가 되어야 하지 않을까? 신학적인 입장을 설명하는 데뿐만 아니라 방법론을 결정하는 데도 성경의 진리를 좇아야 하는 게 아닐까?

나 역시 교회에서 말씀을 선포할 때마다 사사로운 생각과 의견을 끼워 넣으려는 유혹을 받는다. 그와 마찬가지로 성도들을 염두에 두고 여러 가지 일들을 구상하면서도 내 아이디어를 덧붙이려는 욕심이 쉴 새 없이 고개를 쳐든다.

개인적으로는 하나님 나라를 이루는 데 보탬이 될 만한 일들을 마음에 그려 보고 그 꿈을 성취하기 위해 밟아야 할 구체적인 단계들을 도식화하는 걸 무척 좋아한다. 창조주께서 선물로 주신 창의적인 은사를 활용해서 주님을 영화롭게 하길 원하는 이들과 둘러앉아 교회를 이끌어 갈 계획을 세우고 전략을 가다듬는 것만큼 즐거운 일이 또 있을까 싶다. 대화를 끝낼 때면, 하나님이 거룩한 이름을 위하여 그 계획과 전략을 축복해 주시길 바라는 기대감과 열정으로 가슴이 터져 나갈 것만 같다.

하지만 그런 식으로 사역을 준비하고 이끌어 가는 데는 교묘하게 실상을 왜곡해서 결국 위기에 빠트리는 사고방식이 내재되어 있기 쉽다. 하나님은 어찌됐든 우리 계획을 인정하고 축복하셔야 한다는 식의 마음가짐이다. 하지만 성경 어디에도 교회를 위해 선의로 세운 계획이면 무조건 받아들이고 밀어 주시겠다는 하나님의 약속을 찾아볼 수 없다. 제아무리 혁신적이고 창의적인 방안이라도 마찬가지다. 동기만 보고 은총을 베푸시겠다는 다짐도 없다. 하나님의 영광을 위해 힘닿는 데까지 최선을 다해야 하지만, 그렇다고 주님의 이름을 높이려 하는 일마다 예외 없이 축복하시는 건 아니다(고전 10:31).

하나님이 복을 주시겠다고 약속하신 건 오직 그분의 계획뿐이다(욥 42:2, 사 46:9-11; 55:10-11). 주님은 거룩한 뜻과 섭리를 성경에 명확히 기록해 두셨다. 따라서 진심으로 축복을 받고 싶다면 엉뚱한 일을 할 게 아니라, 그분이 진즉에 은혜를 주시겠다고 못 박아 말씀하신 계획에 맞춰 삶을 조정해야 한다.

브룩힐즈교회에 부임해서 확인하니 갖가지 건축 프로젝트가 제각기 느리게, 또는 빠른 속도로 진행되고 있었다. 외부에서 온 손님들에게 쾌적한 환경을 제공하기 위해 예배당 로비를 널찍하게 확장하며, 주일학교 학생들이 사용하는 교실을 추가로 확보하고, 주차장에 잇대어 운동장을 닦는 공사를 막 시작하려던 참이었다. 멋진 계획이었고 성도들 역시 기대를 품고 완공을 기다렸다. 교회를 이끄는 리더들의 창의적인 에너지와 성도들의 풍부한 자원이 한데 어우러진 덕에 가능했던 일이었다. 다들 완벽하게 준비하고 있어서 신호만 떨어지면 언제라도 작업에 착수할 수 있었다.

그런데 바로 그 지점에서 "과연 이 프로젝트는 하나님 뜻에 정

3 경험이 아니라 말씀의 원리로 사역하라

확하게 부합되는가?" 하는 의문이 제기됐다.

성경에 비추어 답을 구했다. 예수님의 계획은 분명했다. 모든 민족으로 제자를 삼으라고 하셨다. 자기 십자가를 지고 그분의 뒤를 따르며 누구나 그 길에 동참하도록 인도하라고 하셨다. 로비의 폭을 넓히라든지, 교실을 더 지으라든지, 운동장을 만들라는 말씀은 눈을 씻고 찾아도 보이지 않았다. 어느 것 하나 딱히 나쁘다 할 만한 일은 아니었다. 예수님은 화장실을 지으라고 명령하신 적이 없지만 다들 욕실을 갖추고 산다. 그러므로 무슨 일을 설계하든 반드시 물어야 할 질문은 이것이다. "예수님이 보여 주신 뜻과 '가장' 잘(그냥 '잘'이 아니다) 들어맞는가?"

건물을 멋지게 고치고 안락한 로비를 갖추는 게 제각기 자기 십자가를 지고 그리스도를 따르도록 이끄는 거룩한 목표에 도달하기 위해 자원을 활용하는 최선의 길인가? 교실을 늘이는 공사는 그리스도께 순종하도록 성도들을 이끄는 가장 좋은 방법인가? 아직 예수의 이름을 들어보지도 못한 이들이 허다한 판에, 버밍엄에다 축구장을 마련하는 게 땅 끝까지 복음을 전하는 최상의 전략인가?

정답을 단정 지을 수는 없다. 하지만 일단 묻기는 해야 한다.

브룩힐즈교회 성도들에게도 똑같이 물었다. 결론이 또렷하게 드러났다. 예배당 로비를 확장하는 대신, 다른 교회를 세우는 데 그 자금을 사용해야 할 것 같았다. 더 편안하게 더 풍성한 강의를

래디컬 투게더

들을 수 있도록 교실 개수를 보태는 대신, 삶을 한층 생생하게 나누도록 각 가정에서 모이는 게 합당할 것 같았다. 지역사회를 위해 운동장을 닦아 주는 대신, 그 돈을 활용하여 세계 곳곳에서 영적으로, 또는 신체적으로 굶주려 신음하는 이들을 돕는 게 마땅할 것 같았다(흥미롭게도, 국내외 빈민가에서 사역하는 성도들 가운데는 운동장 한 귀퉁이에서 교회와 봉사 조직을 시작한 이들이 적지 않다).

마침내 결단을 내렸다. 선한 마음으로 치밀한 계획을 짜 놓고 하나님이 복 주셔서 더 나은 열매를 거두게 하시길 소망하는 대신, 주님이 더할 나위 없이 훌륭한 성과를 거두게 하시겠다고 약속하신 계획, 곧 성경의 가르침에 순종하기로 작정한 것이다.

여기서 하나님이 주시는 '축복'의 개념을 분명히 해야겠다. 말씀 중심으로 교회를 이끌어 가면 세상에서 큰 인기를 얻는다는 말을 하는 게 아니다. 어느 모로 보든 그 반대가 될 확률이 높다. 1세기 대중들이 예수님 말씀을 극도로 싫어했다면 21세기 시민들 역시 비슷한 반응을 보이길 기대하는 게 도리어 자연스럽지 않겠는가?(요 15:18) 하나님의 축복이 꼭 세상의 인정과 통하는 것은 아니다.

교회에서 하나님 말씀을 공부하고 선포하면 즉시 뚜렷한 성과가 난다는 얘기도 아니다. 그리스도인들이 성화되고 온 교회가 한마음 한뜻이 되는 데는 시간이 걸리고 인내가 필요하다.

목회자와 성도 모두에게 도전한다. 언젠가는 하나님이 스스로 설계하신 영원하고도 원대한 목표를 반드시 이루실 줄 믿고 그분 말씀을 신실하게 의지하며 결코 흔들리지 말라(사 55:10-11).

신뢰할 만한 말씀

지난 금요일 밤 자정 어간, 브룩힐즈 예배당 모습을 보여 줄 수 있으면 얼마나 좋을까! 빈자리는 하나도 없었다. 심지어 통로까지 성도들이 들어찼다. 너나없이 성경을 펼쳐 들었다. 열에 아홉은 노트 필기에 여념이 없다. 마치 스펀지처럼 말씀을 가르치는 족족 빨아들였다. 한번 모이면 적어도 네 시간 이상 성경을 공부하는 세계 곳곳의 지하 교회를 브룩힐즈교회 식으로 적용한 이른바 '시크릿 처치'라는 행사다.

수천 명의 그리스도인들이 버밍엄에 모여 저녁 6시부터 다음 날 오전 1시까지 내리 성경을 공부하고 함께 기도했다. 먼 길을 달려온 대학생이 이 교회 저 교회에서 모여든 여덟 살짜리 꼬맹이와 나란히 앉았다. 한 마디도 놓치지 않으려고 온 신경을 곤두세우며 몰입하는 이들을 보면서, 청중들의 마음을 얻으려 애쓰지

래디컬 투게더

않겠다는 각오를 새로이 했다. 하나님 말씀만 가지고도 거룩한 백성들의 시선을 한데 모으고 관심을 사로잡기에 한 점 부족함이 없었다.

그리스도인이라면 누구나 하나님 말씀을 신뢰해야 한다. 성경에 기록된 거룩한 가르침에는 능력이 있다. 하나님의 자녀를 낳아 키우며, 동기를 부여해 움직이게 하고, 무장시키고 힘을 주며, 방향을 제시하고 앞서 이끌어서 세상을 향한 하나님의 뜻을 성취해 나가게 만드는 능력이다. 말씀을 가르치면 교회에서 하는 일들이 다 잘 풀려 나간다는 소리가 아니다. 하지만 그리스도인들이 겸손하게 마음을 모아 기도하면서 주님의 자녀들을 위해 어떤 계획을 세워 놓으셨는지 묻고 거기에 목숨을 걸면, 그분은 한 사람 한 사람을 일깨워서 철저한 순종과 헌신의 길로 안내할 것이다.

프로그램이 아니라 헌신된 사람이다

교회를 바로세우는 과업의 성패는 영향력도 없고
이렇다 할 재주도 없는 사람들을
얼마나 많이 끌어들이느냐에 달려 있다.

오랫동안 알고 지낸 나이 든 목회자와 테이블에 마주앉았다. 빠르게 성장 중인 어느 대형 교회의 담임목사였다. 선배가 자랑스럽게 말했다.

"가능한 한 성도들의 부담을 줄여 주려고 해. 일단 이웃이나 직장 동료들처럼 늘 부딪히는 이들과 가까이 지내라고 권면하지. 그러다가 적절한 기회를 봐서 교회로 초청하게 해. 일단 교회에 발을 들여놓기만 하면, 그 방면에 은사를 가진 담당자가 따뜻하고 편안하며 매력적인 분위기에서 복음을 전하는 거야. 그동안 아이들은 아이들대로 다양하고 재미있는 프로그램에 들어가고.

일단 전도 대상자를 준비된 환경 속으로 불러 주기만 하면, 나머지는 전문가들이 책임지는 셈이지."

이야기를 끝낸 선배는 곧바로 브룩힐즈교회의 사정을 물었다. 조심스럽게 대답했다.

"정반대라고 보시면 됩니다."

선배는 놀라는 눈치였다.

"뭐라고? 무슨 소린지 모르겠군."

"교회의 이름으로 모일 때는 교회 그 자체에 초점을 맞춥니다. 다시 말해서, 예수를 믿지 않는 이들이 아니라 그리스도인 중심의 예배 환경을 만든다는 뜻입니다."

아직도 감이 잡히지 않는 모양이었다.

"왜 그렇게 하지? 그러다가 주일 예배를 통해 그리스도를 모르고 사는 이들의 마음을 움직이지 못한다면, 그땐 도대체 어떻게 교회 울타리 밖에 있는 버밍엄 주민들을 주께 인도할 수 있지?"

차근차근 설명했다.

"우리는 주일마다 성도들을 무장시켜서 내보냅니다. 그들이 주중에 나가서 지역을 떠도는 잃은 양들을 그리스도께 안내하게 하는 겁니다."

"성도들이 복음을 전한다고?"

"브룩힐즈교회의 정책은 그렇습니다."

"음, 그럼 예수를 믿고 그리스도인이 된 다음에는 어쩌지? 어

래디컬 투게더

떻게 그리스도 안에서 성장할 수 있느냐는 얘길세.”

“우리 교회 성도들은 새 신자들에게 그리스도의 가르침을 좇아 사는 법을 온몸으로 보여 줄 준비를 갖추도록 훈련받습니다. 개인적으로는 브룩힐즈교회 가족들이 특별한 달란트를 받은 전문가나 멋진 건물, 갓 복음을 들은 이들에게 적합한 최신 프로그램 없이도 창조주께서 맡기신 사명을 잘 감당할 수 있기를 기대하고 있습니다.”

기가 막힌다는 표정으로 선배가 말했다.

“난생처음 들어보는 방식이군.”

다시 말하지만 난 어리고 미숙한 목회자다. 아직 공부해야 할 게 산더미처럼 많다. 특별히 선배처럼 명망 높은 목회자들에게 많은 가르침을 받고 싶다. 하지만 어디서도 들을 수 없는 생뚱맞은 얘길 하고 있다고는 생각지 않는다.

나는 하나님의 백성들을 신뢰한다. 구체적으로는 거룩한 자녀들 사이에서 말씀을 통해 임하시는 성령님의 역사를 믿는다. 그러기에 “나머지는 알아서 해 드릴게요”라는 말로 그리스도인들에게서 제자 삼는 기쁨을 앗아 가는 것만큼은 어떻게든 피하려고 한다.

“하지만 뛰어난 재주를 가진 전도자나 리더가 나서면 더 많은 이들이 주님을 영접하지 않을까요?”라고 묻고 싶을지 모르겠다.

나라면 “꼭 그렇지는 않다”고 대답하겠다. 교회의 목표는 특정한 인물을 준비시키고 격려해서 최대한 많은 이들을 그리스도께 인도하는 게 아니다. 하나님의 백성들이 저마다 말씀으로 무장하고 성령님의 권능에 기대어 힘닿는 데까지 길 잃은 양들을 붙잡아 예수님께 되돌리는 쪽을 지향한다.

개인적으로는 하나님이 특별한 계획을 가지고 계신다고 믿는다. 예수님은 뭇 백성들 사이에 복음이 폭발적으로 확산되도록 희생적이고, 의지적이며, 광범위한 노력을 기울이라고 명령하셨다. 모든 그리스도인에게 "제자를 삼으라"는 단순한 초대장을 보내셔서, 이웃들과 그리스도의 생명을 나누는 일에 동참하게 하신 것이다.

의사소통 능력이 빼어난 웅변가나, 조직을 만들고 움직이는 데 일가견을 가진 전문가나, 소문난 지도자와 예술가들을 비롯해서 온 교회가 이른바 '적임자'라고 입에 침이 마르도록 칭찬해 마지않는 특별한 인물들만 골라서 부르신 게 아니다. 성령님은 주님을 좇는 한 사람 한 사람에게 힘을 주셔서 온 땅에 하나님의 영광을 드러내는 일을 감당하게 하셨다. 영향력도 없고, 똑똑하지도 못하고, 이렇다 할 재주도 없어 보이는 소위 '부적격자'도 여기에 포함된다.

올바른 교회를 세우는 과업의 성패는 부족한 성도들을 얼마나 많이 끌어들여 움직이게 하느냐에 달렸다.

래디컬 투게더

성장하는 교회의 은밀한 비밀?

「래디컬」에서 교회를 크게 키우는 데 필요한 요소들을 이야기한 적이 있었다.[5] 다시 한 번 그 내용을 짚어 보고 한 걸음 더 나아가, 부족해 보이는 그리스도인들을 제대로 평가할 때 교회가 어떻게, 얼마나 달라질지 살펴보기로 하자.

오늘날 몇 가지 핵심 요소만 갖추면 쾌속 성장하는 교회의 반열에 오를 수 있다는 건 이제 상식에 속한다.

우선, 멋진 퍼포먼스가 필요하다. 흥미를 좇는 현대 문화의 특성상, 군중을 사로잡을 스타가 있어야 한다. 카리스마 넘치는 커뮤니케이터가 없으면 수렁에서 헤어나기 어렵다. 비디오를 틀어 주는 한이 있더라도, 뛰어난 설교자를 확보해야 한다. 노련한 경배와 찬양 인도자가 밴드와 함께 뒤를 받쳐 주면 더 바랄 게 없다.

다음으로, 찾아오는 군중들을 수용할 공간이 있어야 한다. 수십, 수백억 원을 쏟아부어서라도 퍼포먼스를 진행할 건물을 짓는 게 중요하다. 더 멋진 환경을 만들수록 유리하다.

마지막으로, 일단 사람들을 불러들였으면 도로 떠나지 않게 붙잡아 두어야 한다. 따라서 연령과 상황별로 어린이, 청소년, 가족을 비롯해서 누구나 참석할 수 있는 최상급, 최고급 프로그램들을 마련할 필요가 있다. 우수한 프로그램을 돌리자면 거기에 어울리는 전문가가 필수적이다. 예를 들어, 부모가 자녀들을 교회 정문까지 데려다 주기만 하면 나머지는 어린이 사역 전문가들이 알아서 처리해 주는 식이다. 집에서 아이들을 간수하는 건 차마 눈뜨고 볼 수가 없다는 분위기가 되어야 한다.

한마디로 정리하자면, 탁월한 전문가가 운용하는 최고급 프로그램이 차고 넘치는 공연장을 조성하라는 얘기다. 그런데 문제가 있다. 하나님의 백성이라는 가장 중요한 요소가 빠지는 바람에 균형이 깨져 버린 것이다.

퍼포먼스가 아니라 사람

무대에 서기 적합한 인물들만 뽑아서 구성한 멋진 퍼포먼스에 기대지 않으면 교회는 어떻게 될까? 퍼포먼스가 반드시 필요하다는 사고방식은 어디서 비롯된 것일까? 분명히 성경은 그리스도인들에게 함께 모여 하나님을 예배하라고 가르친다(히 10:24-25). 재론의 여지가 없는 진리지만 반드시 흔히 생각하는 방식을 좇아야 하는지는 의문이다.

교회의 존재 자체가 불법으로 규정된 나라의 그리스도인을 떠올려 보자. 온 마을 주민들이 모두 잠들 때까지 기다렸다가 한밤중에 살그머니 집을 나서야 한다. 칠흑 같은 어둠에 몸을 숨기고 정적에 빠진 마을 길을 굽이굽이 돌아 나간다. 모퉁이를 돌 때마다 혹시 누가 따라오지 않나 살피고 또 살핀다. 자신을 포함해서 성도들 가운데 누구 하나라도 붙잡히면 두 번 다시 집으로 돌아가지 못할 수도 있다. 아니, 영원히 밝은 빛을 보지 못할지도 모른다.

마침내 어느 골목으로 접어든다. 조그만 집에서 희미한 불빛이 새어 나온다. 아무도 미행하지 않는다는 사실을 마지막으로 확인한 다음, 소리 없이 집 안으로 들어간다. 똑같은 경로를 거쳐 모인 몇몇 동료들이 숨죽여 반가운 인사를 건넨다. 피곤한 기색과 기대감에 부푼 표정이 뒤섞인 그들 얼굴을 보면, 금방 알게 될 것이다. 거기 앉은 형제자매들 가운데 1년 내내 강의 요청이 쇄도하는 명강사의 이야기를 들으려 찾아온 이는 단 한 명도 없다. 실력 있는 밴드의 연주를 감상하러 온 것도 아니다. 너나없이 그저 하나님의 백성들과 함께하고 싶어서 목숨을 걸고 모여든 것이다.

퍼포먼스 따위는 고려의 대상이 아니다. 그들에게 중요한 건 오직 사람뿐이다.

바다를 건너 그처럼 어렵게 신앙을 지켜 가는 교회들을 찾아갈 때마다, 화려한 무대와 최첨단 음향 장치, 고화질 비디오 스크린을 비롯해 온갖 퍼포먼스적인 요소가 넘쳐 나는 자유 진영의 예배 환경이 떠오른다. 청중을 예배로 끌어들일 줄 아는 연주자들과 세련된 메시지를 전할 능력을 갖춘 강사가 없으면 안 된다고

101

생각하는 세태를 생각하면 가슴이 먹먹해진다.

그날 누가 말씀을 가르치고 찬양을 인도하는지와 상관없이, 하나님의 자녀들이 한자리에 모인 교회, 그 자체만 가지고 마음을 사로잡을 수는 없는 것일까? 지구상에는 그것만으로도 충분히 만족하는 형제자매들이 부지기수다.

그런데 우리는 어떠한가?

한 주 한 주, 쾅쾅 울려 대는 최고급 음향 시스템과 한쪽 벽면을 다 가릴 만큼 커다란 비디오 스크린을 갖춘 웅장한 예배당에 설 때마다, 이렇게 대단한 장치들을 가지고 무대에 오르는 소수의 인사에게만 스포트라이트를 비추는 게 과연 타당한지 고민한다. 문제가 있다거나 잘못된 모습이라고 말할 수는 없다. 하지만 성경 말씀에 비추어 볼 때, 그것이 하나님 백성들을 위한 최선이며 실질적으로 가장 바람직한 길이었을까? 여기에 대해서는 아직 해답을 찾지 못한 질문들이 수두룩하다. 개인적으로는 브룩힐즈교회의 예배 사역자들이 함께 묻고 답하며 고민해 주면 좋겠다.

앞에서 브룩힐즈교회의 예배 예산을 83퍼센트 감축했다는 얘기 했었다. 세계 곳곳에서 도움을 요청하는 절박한 목소리에 기민하게 대처하기 위해 자원을 확보하려는 노력이기도 했지만, 한편으로는 공동 예배와 관련해서 필수적이라고 볼 수 없는 요소들을 과감히 잘라 내려는 조처이기도 했다.

함께 기도하고, 함께 금식하고, 함께 죄를 고백하고, 함께 찬양하고, 함께 공부하는 식구들을 길러 내는 데 초점을 맞추고 싶었다. 설교자보다 그가 전하는 하나님 말씀을 더 사모하고, 인도자의 외모나 언변보다 찬양의 내용에 관심을 가지며, 예배란 화려한 퍼포먼스가 아니라 하나님께 삶을 드린 이들이 매주 한 자리에 모여 주님의 영광을 드높이는 일에 마음을 쏟는 것이라고 생각하는 그리스도의 제자를 길러 내는 게 중요했다.

건물이 아니라 사람

교회란 기본적으로 헌신된 이들의 모임을 가리키므로 모이는 장소는 특별히 중요한 요소가 아니다.

지난 몇 년 동안, 브룩힐즈교회 안팎의 여러 인사들과 예배당에 관해 수많은 대화를 나누었다. 수십억 원짜리 호화로운 빌딩에 모여 최첨단 시설을 만끽하는 교회를 담임하고 있음을 부인할 생각은 없다. 기왕에 그처럼 번듯한 시설을 소유했으니, 어떻게든 하나님의 청지기로서 규모 있게 사용하고 싶다. 사역을 위해 가동률을 최대한 높이거나 아니면 과감히 매각해서 그 자원을 다른 일에 쓰길 원한다는 뜻이다. 모든 걸 테이블 위에 올려놓으면 주님이 가장 좋은 방도를 알려 주실 것이다. 이렇게 훌륭한 건물을 세우기 위해 수많은 성도들이 아낌없이 희생하고 헌금했다는 사실을 잘 알고 있다. 그들에게 하나님의 은혜가 함께하길 기도

한다. 그럼에도 불구하고 커다란 빌딩을 올리는 게 주님의 자원을 사용하는 최상의 방법이자 유일한 길인지에 대해서는 확신이 서지 않는다.

입장이 다를 수도 있다. "예배당을 짓는 게 뭐가 문제죠? 신약 성경을 아무리 뜯어봐도 교회 건물을 세우지 말라는 말씀은 없던걸요?"라고 묻고 싶을지 모른다. 브룩힐즈교회 성도들이나 외부의 리더들과 이 주제를 두고 이야기할 때마다 수없이 받았던 질문이다.

맞는 말이다. 하지만 신약 성경에는 반드시 빌딩을 세워야 한다는 가르침 또한 없다. 그럼에도 불구하고 어째서 교회를 세우거나 성장의 조짐이 보일 때마다 가진 걸 다 털어서 예배당을 짓겠다는 생각부터 하는지 궁금하기 짝이 없다. 신약 성경이 가르친 적도 없고 권면하지도 않는 일에 지나치리만큼 많은 자원을 쏟아부으려 드는 이유는 무엇일까? 왜 길을 잃고 방황하는 이들에게 복음을 전한다든지 형편이 어려운 믿음의 식구들을 돕는 일처럼 주님이 명명백백하게 가르치신 사역에 먼저 재물을 쓰려 들지 않는 것일까?(행 4:32-35, 고후 8-9장)

이 글을 쓰는 지금 이 순간에도 세계 각국의 슬럼가에 사는 인구가 7억을 헤아린다. 그들 가운데 상당수는 똑같은 예수님을 주님으로 섬기는 형제자매들이다. 그런데도 우리끼리 잘 지내자고 예배당 평수를 늘여 가는 게 합당한 일일까?

래디컬 투게더

얼마 전, 미국 남부의 어느 후미진 동네에 교회를 세우고 형편이 넉넉잖은 성도들을 돌보는 목회자와 대화할 기회가 있었다. 성도가 100명 남짓 되는데 최근에 20명 정도가 제3세계로 단기 선교 여행을 다녀왔다고 했다. 이동하는 동안에는 줄곧 「래디컬」과 그 안에 소개된 하나님 말씀을 읽었다. 사역을 마치고 교회로 돌아오는 사이에 하나님은 선교 팀 멤버들의 마음과 생각을 놀랍게 바꿔 놓으셨다.

우선, 개인적으로 또는 공동체적으로 시간과 재물을 어떻게 사용하는지 점검하고 재평가하기 시작했다. 예산을 검토하면서 시내에 조그만 건물을 빌려 쓰는 데만 매달 6백만 원이 넘는 비용을 지출한다는 사실이 드러났다. 선교 팀 멤버 가운데 몇몇이 담임목사를 찾아가 물었다.

"1년에 7천2백만 원이면 적지 않은 금액인데, 그 돈을 하나님 나라를 위해 더 소중한 일에 투자하면 어떨까요?"

"그럼 예배는 어디서 드리죠?"

목회자가 물었다.

그들은 나란히 붙어 있는 건물을 가리켰다. 성도들의 편의를 위해 한 달에 얼마씩 내고 임대해 사용하는 주차 빌딩이었다.

"저기서 모이면 좋겠어요."

"바깥에서 모이자고요?"

"지붕은 있잖아요. 주일이면 텅텅 비고요. 늘 들락거려서 익숙

4 프로그램이 아니라 헌신된 사람이다

하기도 하죠."

담임목사는 잠시 생각하고는 이내 결론을 내렸다.

"그럽시다."

지금은 주일마다 주차 빌딩에 모여 예배를 드린다고 했다.

이것이 신약 성경이 소개하는 아름다운 교회의 모습이다. 하지만 그런 사실을 놓치고 있는 그리스도인이 얼마나 많은가! 예배를 드리는 용도라면 빌딩을 지을 필요가 전혀 없다. 산헤드린의 정죄를 받고 순교하기에 앞서 스데반은 이렇게 외쳤다.

"지극히 높으신 분께서는 사람의 손으로 지은 건물 안에 거하지 않으십니다"(행 7:48, 새번역).

스데반은 지금 하나님의 구원 계획이 더 높은 수준으로 옮겨 가는 변곡점에서 새로운 흐름을 거스르는 이들에게 설교하는 중이다. 그때까지만 해도 이스라엘 백성들에게 성전은 여호와 임재를 상징하는 기념비적인 건축물이었다. 하지만 예수님이 십자가에 달려 돌아가심으로써 언제 어디서든 하나님의 임재 가운데 머물 수 있는 길이 활짝 열렸다(마 27:51). 구심점이 될 빌딩 따위는 필요가 없어졌다. 더 이상 건물을 예배의 중심으로 삼아야 할 이유가 없어진 것이다.

그렇다면 예배 처소는 어디가 되어야 할까?

그렇다. 바로 사람이다.

바울은 고린도교회 성도들에게 "너희가 하나님의 성전인 것

래디컬 투게더

과 하나님의 성령이 너희 안에 계시는 것을 알지 못하느냐?"(고전 3:16)고 되물었다. 나중에는 "여러분의 몸은 여러분 안에 계신 성령의 성전(고전 6:18-20, 새번역)이라고 못 박아 규정했다. 이것이 신약 신앙의 놀라운 실체다. 그리스도인은 저마다 하나님을 예배하는 성전이다.

그러므로 가정이든, 사무실이든, 직장이든, 공원이든, 형편이 허락하는 대로 아무데서나 만나도 괜찮다. 지붕도 없는 허허벌판에 모여 예배를 드리는 형제자매들이 세상에 널렸다는 사실을 잊지 말자. 적어도 가진 자원의 상당 부분을 건물에 투입하는 것만큼은 다시 생각하자. 신약 성경은 사람을 세우는 일을 으뜸으로 중요하게 여기기 때문이다.

프로그램이 아니라 사람

그렇지만 프로그램을 돌리자면 공간이 필요하다는 데 어려움이 있다. 적절한 방이 준비되지 않으면 어린이와 성인들을 위한 갖가지 프로그램을 운용하기가 무척 곤란하다. 바로 여기가 공간의 가치를 재평가하는 작업에서 프로그램의 중요성을 재검토하는 단계로 넘어가는 지점이다.

교회가 쓸 수 있는 건물이나 시설이 하나도 없다고 가정해 보자. 그래도 제자 삼는 일을 해낼 수 있을까? 두말하면 잔소리다.

전 세계 수많은 교회가 그렇게 하고 있다. 그렇다면 어찌해야 제자화 사역과 예배당 건물을 완전히 분리할 수 있을까? 이렇게 묻고 답하기 시작하면서 브룩힐즈교회에는 뜻 깊은 변화가 찾아왔다. 수많은 사례가 있지만 그 가운데 하나만 나누려고 한다.

해마다 여름방학이 되면 교회에서 일주일씩 성경학교를 열었다. 행사에 참여하는 어린이들을 차질 없이 맞이하기 위해서는 각 방들을 꾸미고 각종 시설들을 점검하는 데 적잖은 시간과 에너지를 쏟아야 했다. 어린이 사역 리더들은 스스로 묻기에 이르렀다.

"교회 건물을 사용하지 않고 지역사회 아이들에게 복음을 전할 수 있는 방법은 없을까?"

그때부터 부모들과 다음 세대 사역자들, 그리고 소그룹 리더들은 각 가정에 '어린이 성경공부클럽'을 유치하는 작업에 착수했다. 웬만큼 떨어진 지역까지, 인근에는 성도들이 살지 않는 데가 없었다. 예배당 대신 믿음의 식구들이 사는 집에서 모임을 갖지 못할 이유가 무어란 말인가? 이웃집 꼬맹이들을 멀리 떨어진 교회까지 힘들여 데려갈 게 아니라, 길 건너편에 있는 집으로 초대한다면 얼마나 좋겠는가? 어린이들에게 복음을 소개할 뿐만 아니라 삶을 나눌 수 있으니 일석이조가 아니겠는가?

그래서 그해 여름에는 성도들이 가까이 사는 어린이들을 집으로 초대해서 '성경공부클럽'을 열었다. 교회에 모일 때보다 훨씬 많은 아이들이 행사에 참여했다. 예배당에서 멀리 떨어진 여러

래디컬 투게더

마을에서도 수많은 어린 친구들이 말씀을 공부했다.

결과가 궁금한가? 수십 명의 어린이를 포함한 주민들이 복음에 기초한 제대로 된 간증을 들었고, 복음에 헌신한 이웃의 삶을 두 눈으로 확인했고, 복음이 온 지역사회에 두루 퍼져 나갔다.

하루는 어느 가정집에서 열리는 성경공부클럽을 찾아갔다. 아이들은 뒷마당에서 노느라 정신이 없고 부모들까지 찾아와 이야기를 나누고 있었다. 집주인 내외가 불쑥 엄청난 제안을 꺼내 놓았다.

"올해는 이 아이들을 비롯해서 온 집안 식구들을 계속 집으로 초대할까 합니다. 예배당에 가서 할 일을 수요일 밤마다 집에서 해 보려고요. 그래도 괜찮을까요?"

물론이다! 나로서는 언제라도 환영이다. 하나님이 일상생활을 기회와 발판으로 삼아 복음을 확산시키신다는 사실을 깊이 인식한다면 만사 오케이다. 정해진 공간에서 잘 준비된 프로그램을 가동시켜야 하나님이 거룩한 백성들에게 맡기신 사명을 완수할 수 있는 게 아니라는 점을 깨닫는다면 더 바랄 일이 없다.

이건 다음 세대 사역이라는 제한된 분야에서 벌어진 조그마한 사건에 불과하다. 하지만 이런 그림이 교회 전체로 확장된다면, 다시 말해서, 가장 효과적인 사역의 통로는 특별히 고안한 프로그램이 아니라 하루하루 살아가는 현장에서 함께 어울리는 주변 사람들 사이에 존재한다는 사실을 정확하게 파악한다면 어떤 일이 벌어질지 마음에 그려 보라.

하나님은 그리스도를 따르는 제자들에게 복음을 널리 전파하고 하나님의 영광을 선포할 길을 열어 주셨다. 목회자와 교회 지도자들은 핵심에서 벗어난 활동들을 펼치기 위해 그 통로를 가로막는 잘못을 범하지 말아야 한다.

한동안은 브룩힐즈교회에서도 갖가지 사역에 성도들을 참석시키고 중앙에서 통제하는 방식을 정착시키려 노력했다. 예를 들어, 지역사회 전도 프로그램을 만들어서 시내에 나가 예수님을 소개하는 일에 동참하게 했다. 개인적으로뿐만 아니라 소그룹 단위로도 교회가 고안한 여러 프로그램에 들어가도록 독려했다. 그런데 문제가 생겼다. 삶의 현장이 곧 복음을 전할 기회의 땅이라는 점을 강조할수록 믿음의 식구들이 교회에서 창안한 프로그램을 좇을 여유가 점점 줄어들었다. 결국, 성도들이 독자적인 사역에 헌신하기 시작하면 실제로 교회가 개입할 여지는 거의 없어진다는 사실을 받아들일 수밖에 없었다. 그제야 정신이 번쩍 들었다.

"성도들이 언제, 어디서, 어떻게 사역할지를 왜 교회가 나서서 결정하려 들었을까? 하나님은 이미 자녀들에게 저마다 일하고, 놀고, 생활하는 현장에서 사역할 기회를 허락하셨는데 굳이 그 사이에 끼어들 이유가 무어란 말인가?"

그때부터 전도 계획을 세우고, 프로그램을 만들고, 관리하는 헛수고를 집어치웠다. 한편, 주님이 손수 설계하고 다듬어서 넘

래디컬 투게더

겨주신 사역 기회를 최대한 활용하라고 믿음의 식구들을 격려하기 시작했다.

그러자 교회가 지역사회에 미치는 영향력이 극적으로 달라졌다. 브룩힐즈교회 성도들은 제각기 직장과 동네에서 성경 공부 모임을 인도하고, 약물 중독 환자들의 재활을 돕고, 노숙인 쉼터에서 음식을 나눠 주고, 공부방에 나오는 고아들을 사랑으로 돌보고, 퇴직자 전용 아파트의 독거노인들을 보살피고, 임종을 앞둔 호스피스 병동 식구들을 위로하고, 직업 교육을 시키고, 글을 모르는 이들에게 문자를 가르치고, 에이즈클리닉의 병자들을 지원하고, 외국에서 갓 이주해 온 이들에게 영어를 가르치는 따위의 다양한 방식으로 이웃을 섬기느라 분주하다. 이제는 리더들도 저마다의 생활 현장에서 열심히 사역하느라 교회에서 마련한 프로그램에 참여하지 못하는 성도들의 실상을 충분히 이해하고 공감한다.

교회에서 리더 역할을 하고 있는가? 그럼 평소에 관심을 가지고 있던 인물들을 머리에 떠올려 보라. 얼굴을 생각하고, 이름을 불러 보고, 생활 모습을 그려 보라. 하나님이 그 한 사람 한 사람에게 맞춰 온갖 환경과 도전, 시련과 유혹, 경험과 만남들을 가로세로로 엮어 가며 쓰신 이야기들을 더듬어 보라. 주님은 주권적으로 지금과 같은 삶의 단계와 상황에 이르게 하셨다. 우리로서는 만난 적도 없고 앞으로도 마주칠 일이 없는 사람들과 부대끼게 하셨다. 그리고 당신을 불러 그 삶을 향한 거룩한 뜻이 이뤄지는 데 힘을 보태게 하셨다. 형편이 이러한데도 직접 나가서 뛰는 대신 뒷짐 지고 서서 퍼포먼스나 구경하겠는가? 교회에서 마련한 프로그램에 참여하는 걸로 만족하겠는가? 나라면 그러지 않겠다. 눈여겨보던 이들에게 복음을 전하고 가르치며, 말씀으로 무장시키고 훈련하겠다. 그리고 창조주께서 베푸신 모든 자원을 최대한 활용하여 아무도 상상하거나 생각하지 못한 방식으로 하나님의 영광을 온 천하에 드러내도록 있는 힘껏 뒷받침할 것이다.

평범한 성도라면 당장 꿈을 꾸고 전략을 짜기 시작하라. 하나님이 어디로 보내셨는지, 누굴 만나게 하셨는지, 현재 살고 일하는 자리에서 어떻게 주님의 이름을 드높이길 바라시는지 곰곰이 생각해 보라.

혼자 살고 있는가? 독신이라는 조건을 잘 활용해서 사역할 방안을 찾아보라(고전 7:32-34). 결혼해서 가정을 꾸렸는가? 배우자와 더불어 공동체를 섬길 길을 모색하라. 자녀가 있는가? 어떻게 하면 가정을 동네 주민들을 위한 사역 센터로 바꿀 수 있겠는가? 날마다 직장에 나가는가? 일터에서 그리스도의 복음을 나눌 계획을 세워 보라. 교회가 주도하는 프로그램을 따라가느라 복음으로 무장하고 세상에 뛰어들지 못하는 어리석은 실수를 저지르지 말라. 하나님이 허락하신 다양한 삶의 현장을 최대한 사역의 기회로 바꾸라.

대런(Darren)과 줄리아(Julia) 부부가 생각난다. 둘 다 우리 교회에 출석했는데, 남편은 자동차 정비 업소에서 일을 했다. 그는 마음을 굳게 먹고 일터를 복음을 나누는 통로로 사용했다. 만날 때마다 함께 일하는 동료를 그리스도께 인도했다느니, 아무개와 따로 만나서 그리스도를 좇아가는 법을 가르치고 있다느니 하는 얘기를 쏟아 놓았다. 한편으로는 아내와 더불어 위기에 처한 여성들에게 숙소를 제공하고 자립을 돕는 주거 시설에서 봉사했다. 그리스도는 이 부부의 삶을 통해 수많은 지역 주민들을 변화시키셨다.

예수님을 좇는 이들이 다들 이런 사역에 뛰어든다면 복음이 전파되고 주님의 영광이 드러나는 속도가 얼마나 빨라질지 생각해 보라. 일방적으로 사역 프로그램을 짜서 제시하는 대신, 성도들이 저마다 사역을 시작하게 권면하고 지원한다면 교회의 잠재력은 얼마나 큰 폭으로 증폭되겠는가?

전문가가 아니라 사람

이런 질문은 리더들의 잘못된 고정관념을 바로잡는 데 큰 역할을 했다.

안타깝게도, 브룩힐즈교회에는 하나님의 계획을 깊이 생각하지 않고 전문가들을 중심으로 교회의 중요한 일들을 꾸려 가는 성향이 있었다. 특별한 재주를 가진 이들을 선발해서 그들을 축으로 공동체의 골격을 잡아 갔다. 무슨 일을 하든지 메시지 전달 능력과 조직력, 창의적인 기술에 기대는 분위기였다.

하지만 제자 삼는 사역은 전문가들만으로 꾸려 갈 수 있는 일이 아니다. 본래부터 하나님의 백성 전체가 달려들어 힘을 모아야 하는 작업이다.

예수님을 믿는 이들은 누구나 중심에 성령님을 모시고 땅 끝까지 이르러 그리스도의 증인이 될 사명이 있다. 사도행전 2장을 보면, 선택된 소수만 성령을 받을 수 있는 게 아니다. 성령 강림은 거룩한 백성 하나하나에게 임한 초자연적인 축복이었다(행 1:8; 2:17-18, 욜 2:28-29).

주님이 제자들에게 성령님이 임하실 거라고 얘기하던 당시를 생각해 보라. 예수님은 말씀하셨다.

"내가 진실로 진실로 너희에게 이르노니 나를 믿는 자는 내가 하는 일을 그도 할 것이요 또한 그보다 큰일도 하리니 이는 내가 아버지께로 감이라"(요 14:12).

무슨 말씀인가? 그렇다면 주께 임했던 것보다 더 뜨겁게 성령님이 역사하실 거란 얘긴가? 그렇다. 하지만 중요한 건 그 까닭이다.

오늘날 그리스도인에게 임하신 성령이 예수님의 경우보다 질적으로 더 강력하다는 얘기는 아니다. 그리스도는 죄를 알지 못하는 분이셨다. 따라서 성령 하나님과 아무런 장애 없이 소통하셨다. 그렇다면 어떻게 성령님이 주님과 함께할 때보다 더 강력하게 역사하실 수 있는가?

더 큰일을 할 수 있다는 말은 선택받은 몇몇 사람에게 임하신 성령님의 질적인 탁월함이 아니라 그리스도를 좇는 이들 모두에게 두루 임하신 성령의 양적인 특성을 염두에 둔 표현이다.

이제 하나님의 영은 어느 한 사람에게만 머물지 않으신다. 예수님과 함께하셨을 때와는 경우가 다르다. 그리스도의 제자들 모두에게 임하신다. 믿음의 공동체 전체에 넘치도록 임하신다. 주님의 사역에서 볼 수 있었던 모습과는 비교할 수 없을 만큼 광범위하다.

글을 읽고 있는 바로 이 순간에도 전 세계에서 수없이 많은 남녀들이 복음을 듣고 죄의 사슬에서 벗어나고 있다. 온갖 중독 증세와 질병을 이겨 내고 있다. 예수의 이름을 들어 보지 못한 무리들 가운데 들어가서 복된 소식을 선포하고 있다. 하나님의 영이 온 천지에 있는 주님의 백성들 위로 폭포수처럼 쏟아져 내리고 있기에 가능한 일이다.

성령님이 임하시는 범위를 일주일에 한 번, 특정한 자리에서 메시지를 전하는 전문가 한 사람에게 국한시키는 어리석은 판단

착오를 범하지 말자. 성령의 도도한 흐름을 어느 한 곳에서 말씀을 전하는 한 인간의 둑에 가두려 드는 무지를 드러내지 말자. 주님의 영은 거룩한 자녀들 하나하나 속에, 일주일 내내 머물며 하나님 나라를 확장하고 그분의 영광을 드러내신다.

얼마 전에 만난 신학교 동기는 왜 자기처럼(나도 마찬가지다) 교회에서 주는 월급에 목매고 사는 사역자들의 밥줄을 끊지 못해 안달이냐며 을러대는 시늉을 했다. 물론 농담이었지만, 그중에는 정말 그럴 의도인지 궁금해하는 이들도 있을 것이다. 교회에 유급 사역자(일종의 전문가)가 반드시 있어야 하는 걸까?

물론이다. 밥그릇을 지킬 속셈으로 하는 소리가 아니다. 신약성경에는 교사와 지도자를 재정적으로 뒷받침해야 하는 근거는 물론이고 그래야 한다는 명령까지 뚜렷하게 기록되어 있다. 바울은 거룩한 백성들의 심령에 영적인 씨를 뿌렸으면 물질로 거두는 걸 지나치다 할 수 있겠느냐고 묻는다. 아울러 교회의 리더들에게는 재물을 사용할 때 하나님의 영광을 먼저 생각해야 한다고 지적했다(딤전 5:17-18, 고전 9:8-18, 딤전 3:2-3, 8).

그렇다면 지도자들의 임무는 무엇인가? 에베소서 4장에서 바울은 그 답을 똑 부러지게 내놓는다. 하나님이 교회에 리더를 세우신 목적은 "성도들을 준비시켜서 봉사의 일을 하게"(엡 4:12, 새번역) 하려는 데 있다는 것이다. 주님은 하나님의 말씀을 지키는 청지기 직분을 교회에 맡기셨다. 자녀들로 하여금 말씀에 의지해

래디컬 투게더

종이 될 준비를 갖추게 하신 것이다. 이런 관념은 온 교회가 함께 마음을 모아 급진적으로 주님을 섬기는 일의 핵심이며 교회의 리더를 바라보는 관점을 완전히 바꾸는 출발점이다.

비록 목회자라 할지라도 혼자 힘으로는 사회 변화는 물론이고 성도들의 필요조차 다 채울 길이 없다. "그래서 부교역자와 직원을 두는 거죠!"라고 말하고 싶은가? 하지만 그 역시 해법이 될 수 없다. 제아무리 많은 스태프를 두어도 지역사회나 교회의 요구를 채워 주기에는 턱없이 부족하다. 믿음의 가족에서 세상의 모든 가정으로 복음을 확장하길 원한다면, 목회자나 교회에서 월급을 받는 직원들뿐만 아니라 '사랑 안에서 건설된 그리스도의 온몸이' 나서서 각 지체가 그 맡은 분량대로 활동해야 한다(엡 4:16).

하나님은 교회 행사를 진행시키기 위해서가 아니라 사람들을 준비시키려고 교회에 리더를 세우셨다는 뜻이다. 목회자는 예배를 집전하는 진행자가 아니라 사람을 섬기는 일꾼이다. 이러한 사실을 통감한다면, 신앙 공동체의 지도자들은 성도들을 조직 속에 끌어들이는 대신, 마음을 움직여서 사역에 나서게 하는 데 자원(주로 시간)을 투자할 것이다.

문득 외국 목회자 한 명이 마음에 떠오른다. 편의상 여기서는 도미니크(Dominic)라고 부르자. 어느 공산 국가를 방문했다가 그를 만났다.

이제 60대에 들어선 도미니크는 비교적 조그만 가정 교회를 돌보며 일생의 대부분을 보냈다. 관심사라곤 사람들에게 그리스도를 소개하는 것뿐이다. 한번은 지역 인민위원회에 불려 나가 전도 활동에 관한 심문을 받았다. 도미니크는 커다란 돌멩이를 들고 조사관들이 늘어앉아 기다리는 방안으로 들어가서는 책상 위에 쾅 하고 내려놓았다.

"돌멩이는 뭐 하러 가져온 거요?"

관리들 가운데 하나가 거칠게 물었다.

"심리를 받기 전에 하고 싶은 말이 있소이다. 예수 그리스도가 얼마나 위대한 분이신지 이야기하지 못하게 가로막는다면, 이 돌이 나 대신 외치기 시작할 거요."

예수님이 바리새인들 앞에서 제자들을 가리키며 "만일 이 사람들이 침묵하면 돌들이 소리 지르리라"고 하셨던 누가복음 19장 40절 말씀의 복제판이었다. 조사를 맡은 공산당 간부들에게는 도통 알아들을 수 없는 소리에 지나지 않았다. 결국 인민위원회는 도미니크의 정신 상태가 비정상이라고 판단하고 추가 심문 없이 석방해 버렸다.

그리스도에 대해 이야기하고자 하는 도미니크의 열정은 성도들을 헌신적으로 훈련시키려는 의지로 옮겨 갔다. 누군가를 예수님께로 인도하는 데 그치지 않고 어떻게 해서든 그리스도 안에서 성장시켜야 한다는 인격적인 책임 의식을 가졌다. 점점 성숙해져서 리더가 되고 마침내 어딘가에 자리를 잡고 또 다른 교회를 세

래디컬 투게더

우도록 돕는 걸 목표로 삼았다(그 나라의 교회 개척자들은 예외 없이 별도의 직업을 가지고 생계를 이어 갔다). 도미니크가 이끄는 교회에서 개척한 신앙 공동체만 60곳이 넘는데, 대부분은 그에게서 훈련받은 목회자들이 사역하고 있다. 이 성실한 목회자의 삶과 리더십은 교회 주도로 사역 프로그램을 만드는 게 아니라 성도들에게 동기를 부여하고 훈련시켜서 스스로 사역하도록 돕는 게 무얼 의미하며 얼마나 중요한지 단적으로 보여 준다.

어디에 목숨을 걸 것인가?

이것이 바로 그리스도가 제시하신 모델이 아닐까? 세상에서 사역하는 동안, 주님은 그 누구보다 열두 제자들과 더 오랜 시간을 보내셨다. 요한복음 17장을 보면, 예수님은 십자가를 지러 가시기에 앞서 평생의 사역을 회고하시면서, 가르침을 들었던 수많은 백성들이나 친히 행하셨던 갖가지 기적을 거론하지 않으셨다. 하나하나가 비할 데 없이 극적인 장면들이었지만, 주님의 일차적인 관심사는 아니었다. 대신에 삶 전체를 쏟아부었던 이들에게는(또는 그들에 관해서는) 무려 40차례가 넘게 말씀하셨다. 예수님의 시선은 오로지 사람에게 고정되어 있었던 것이다.

하늘로 올라가시기 직전 상황도 마찬가지였다. 이렇다 할 건물이나 프로그램도 없었고 뒤따르는 이들도 적었다. 불과 얼마 전까지 가는 곳마다 구름처럼 몰려들었던 군중은 대부분 등을 돌리고 멀어져 갔다. 끝까지 남은 건 교육조차 제대로 받지 못한 평범한 사람들 120명뿐이었다. 그룹의 크기도 작았지만 리더의 숫자 또한 많지 않았다.

예수님은 그런 오합지졸들을 앞에 두고 필생의 사명으로 마음에 아로새길 명령을 내리셨다. 제자를 삼으라는 말씀이었다.

"내가 너희들과 다니며 했던 일을 다른 이들에게 그대로 해 주어라."

주님은 말씀하셨다.

"책상 앞에 앉아만 있지 말고 나가서 삶을 나누어라. 어디서나 눈에 띄는 으리으리한 건물을 짓지 말고 어디 내놓아도 제 몫을 다하는 뛰어난 사람들을 세워라. 제자 삼을 줄 아는 제자를 낳는 제자를 길러 내며, 힘을 합쳐서 복음을 뭇 백성들에게 전해라."

간단하지만 온 교회가 성심으로 따라야 할 명령이다. 단순하지만 그리스도인이라면 누구나 삶의 동력으로 여겨야 할 명령이다.

나 자신은 물론이고 목회자로서 보살피는 이들 가운데 단 한 사람도 이 명령을 옵션으로 생각지 않으면 좋겠다. 개인적으로는 가족과 교회의 수많은 소그룹, 브룩힐즈교회에서 파송한 교회 개척 사역자들을 통해 삶을 나누고 복음을 확산시키는 국제적인 제자화 계획을 가지고 있다. 청사진대로 순조롭게 진행되어서 쉽게 열매를 거두리라고는 생각지 않는다. 현대인들이 다 그렇듯 나

래디컬 투게더

역시 늘 분주한 일상과 지도자에게 요구되는 온갖 부담스러운 책무에 시달리는 까닭에, 신경을 곤두세우고 조심하지 않으면 제자 삼는 사역은 뒷전으로 밀려나기 일쑤다. 그래서 작심하고 그 일에 매달리려 한다. 사람에 우선순위를 두지 않으면 결과적으로 하나님의 뜻을 놓치게 되기 때문이다.

브룩힐즈교회 목회자들과 직원들은 제각기 이와 비슷한 제자 훈련 계획을 마음에 품고 있다. 아울러 교회에 새로 발을 들여놓는 이들을 도와서, 열방에 복음을 전파하는 제자화 사역에 동참하도록 길을 열어 주고 있다.[6] 뜨거운 열망과 의지적인 노력, 세상 구석구석까지 복음을 전하는 사명에 으뜸가는 가치를 두고 사는 삶으로 들어가는 데는 이 두 가지 열쇠가 반드시 필요하다.

교회에서 어떤 위치에 있든지 절대로 잊지 말라. 하나님 나라를 세워 가는 데 열외는 없다. 사역 현장에 과감히 뛰어들기에는 여러 모로 부족하고, 은사가 없고, 재주가 모자라고, 자격을 갖추지 못했다고 생각하는가? 터무니없는 착각이다. 하나님 말씀이 눈앞에 있고, 성령님이 중심에 살아 숨 쉬고, 모든 민족으로 제자를 삼으라는 하나님의 명령이 손안에 있다. 직장인이든, 변호사든, 의사든, 컨설턴트든, 건설 현장 노동자든, 교사든, 학생이든, 일터를 주름잡는 전문가든, 집 안을 쥐고 흔드는 전업주부든 삶의 현장에서 복음의 씨앗을 퍼트리고 땅 끝까지 하나님의 영광을 선포하는 일에 목숨을 걸게 해 주시길 하나님께 요청하라.

더 나은 길

아시아 어느 나라의 가정 교회 지도자가 쓴 글을 읽었다. 정부가 어떻게 교회를 박해하고 얼마 안 되는 자원까지 남김없이 몰수해 갔는지 상세히 기술하면서도 그 편이 도리어 유익했노라고 했다.

"우리는 금방 깨달았다. 겉으로 보기에는 기둥뿌리가 뽑혀 나가는 타격을 입었지만 그로 인해 약해지기는커녕 도리어 강해졌다. 하나님을 신뢰하는 마음이 더 투명하고 깨끗해졌기 때문이다. 하나님의 '것들'을 사랑할 기회를 잃은 덕에 하나님 자신을 사랑하는 법을 배웠다. 돌려야 할 계획이나 프로그램이 없었기에 그저 예수님의 얼굴을 구할 수밖에 없었다. … 세상이 요구하는 건 예배당 하나가 더 세워지는 게 아니라고 믿는다. 신약 성경에 기록된 초대교회 모습을 보면, 인류가 갈망하는 건 예수님뿐이다. 그들은 하나님의 은혜 가운데 성장하며 신앙을 공유하는 다른 이들과 더불어 예배하길 간절히 소망할 뿐이었다."

지은이의 결론은 단호하고 분명했다.

"마침내 쓸데없는 프로그램들을 청산하고 빈손이 되면, 예수님은 어김없이 더 나은 길, 바로 그분의 길을 보여 주실 것이다."[7]

하나님이 세워 두신 계획의 빛나는 속성이 여기에 있다. 특히 퍼포먼스와 공간, 프로그램, 전문가 따위에 기대어 빚어 낸 인간의 계획과 대조해 보면 그 아름다움은 더 선명해진다. 이런 물질적인 요소들에 의존해서 복음을 전파하는 한, 죽었다 깨나도 땅 끝에 이를 수 없다. 세상의 '모든 민족'은커녕, 지역사회 주민들을 감당하기에 넉넉한 자원과 일꾼, 건물과 이벤트, 활동조차도 확보하지 못할 게 뻔하기 때문이다. 하지만 사람은 늘 넘쳐 나게 마련이다. 다소 부족해 보일지라도 말이다.

땅 끝까지 복음을 전하는 사역을 시작하는 데는 갈릴리 언덕배기에 모인 열한 제자만으로도 충분했다. 초대교회는 한 줌도 안 되는 성도를 앞세워 지역사회는 물론이고 그 너머에까지 복음을 확산시켰다. 물질적인 자원은 문제가 되지 않았다. 장담하건대, 하나님의 뜻은 커다란 예배당이나 재주를 가진 리더들에 매이지 않는다. 주님의 계획은 하나님 나라를 확장하는 일에 목숨을 건 거룩한 백성 하나하나를 대상으로 삼는다.

거룩한 자녀들이 저마다 제자 삼을 줄 아는 제자를 낳는 제자를 길러 내는 일에 나선다면 어떻게 될까? 하나님의 뜻을 펼치는 주님의 교회가 땅 끝까지 이르러 복음을 선포하는 날을 꿈꾸는 게 정녕 비현실적인 짓일까? 아니면 얼마든지 실현가능한 현실일까?

그리스도인은 후자에 배팅한 사람들이다. 사실 승률은 100퍼센트다. 예수님은 "모든 민족과 종족과 백성과 언어에서 나온 사람들"이 복음을 들을 것이며 모든 그리스도인들을 통해 그 역사가 일어날 것이라고 약속하셨다(마 24:14, 계 7:9-10, 롬 10:13-15).

chapter 05

래디컬 공동체의 비전은 '세계'다

이웃만이 아니라
땅 끝까지 복음을 전하라

지구상에서 그리스도인의 숫자가 거의 없는 어느 섬, 조그만 방에 앉아 창밖을 물끄러미 내다보고 있었다. 태양이 떠오르면서 바깥 경치가 점점 또렷이 드러났다. 허름한 집들이 머리를 맞대고 몇 킬로미터씩 이어졌다. 섬 한복판, 대도시에 거주하는 주민들 위에 드리웠던 옅은 안개가 걷히기 시작했다. 도시 경계 너머에도 수많은 인구가 이 마을 저 마을에 흩어져 살고 있었다. 며칠씩 걸려야 닿을 수 있는 오지에 사는 이들도 적지 않았다.

도시가 깊은 잠에서 서서히 깨어나는 걸 지켜보고 있을 때, 갑자기 새벽 기도 시간을 알리는 신호음이 들렸다. 여러 대의 스피

커가 설치된 타워에서 기도문을 낭송하는 소리가 모든 시민이 들을 수 있을 만큼 요란하게 울려 퍼졌다. 섬사람들은 저마다 기도실이나 정갈한 공간에 자리를 펴고 엎드려 예배하는 걸로 하루를 시작했다.

4천5백만에 이르는 이 나라 인구의 대다수는 무슬림이며 평생 단 한 번도 복음을 들어 보지 못한 이들도 적지 않다. 거의 50개에 이르는 종족들이 살고 있지만, 그들의 중심을 뒤흔드는 교회를 찾아보기 어렵다. 헤아릴 수 없이 많은 사람들이, 그리스도를 주로 고백하는 단 한 명의 인간을 만나 보지 못하고 세상을 떠나는 셈이다.

흥미롭다고 해야 할지, 아니면 아이러니라고 해야 할지 모르겠지만, 복음화 비율이 바닥권인 이 섬은 수백 만 그리스도인의 고향이기도 하다. 섬을 통틀어 가장 큰 종족은 예수님을 주로 고백하는 신자들이 다수를 차지한다(거기에 관해서는 「래디컬」에서 이미 이야기한 바 있다).

여러 해 전, 침례교인 부부가 섬에 와서 종족의 리더들에게 복음을 전했다. 분개한 족장들은 두 선교사를 살해하고 그 살을 뜯어 먹기까지 했다. 그로부터 몇 년이 더 흐른 뒤에, 이번에는 독일에서 온 루터교 선교사가 같은 종족을 찾아갔다. 이번에는 복음을 듣고 그리스도인이 되었다. 그리고 몇 달 사이에 대다수 종족민들은 예수를 주님으로 고백하게 되었다.

그런데 문제가 생겼다. 대규모 회심이 일어난 지 얼마 되지 않아 교회 흐름이 내부지향적이 되었다. 문화적인 고립과 신앙적인 핍박을 비롯해서 여러 가지 요인이 작용한 결과, 이들은 그리스도를 자기 마음에만 품고 좀처럼 드러내지 않았다.

돼지고기를 예로 들어 보자. 섬 전역에 퍼져 사는 무슬림 종족들은 돼지를 부정하다고 여기는 까닭에 그 고기를 먹지 않는 반면, 그리스도인들은 즐겨 식탁에 올렸다. 복음을 들고 이슬람교를 믿는 종족들에게 다가가려면 최소한 상대의 눈앞에서는 돼지고기를 삼가는 게 지혜로운 일이었다. 하지만 그리스도인 종족들은 그 한 걸음을 내딛으려 하지 않았다. 심지어 현지에 사는 내 친구는 "무슬림들이 지옥에 가든 말든, 난 돼지고기를 꼭 먹어야겠소"라는 얘기까지 들었다.

이곳 그리스도인들에게는 무슬림들에게 복음을 전하는 사명이 그저 불편한 일 정도에 지나지 않았다. 판단 착오의 후유증은 심각했다. 이 섬의 무슬림들은 신앙이 깊었다. 지역에 따라서는 샤리아 법(shariáh law, 코란과 마호메트의 가르침에 기초한 이슬람의 법률)을 공식적으로 인정할 정도였다. 그런 주에서는 누구든 주민에게 예수님을 전하다 발각되면 감옥에 갇히거나 심하면 사형에 처해질 수도 있었다. 기독교로 회심한 현지인은 발견 즉시 참수형을 받았다. 복음을 들고 미전도 종족에게 들어가기를 꿈꾸는 그리스도인들에게는 값비싼 대가가 아닐 수 없다.

그리스도인들은 그렇게 안일했다. 문만 열고 나가면 복음을 듣지 못한 이들이 널렸지만, 그리스도를 나누고 싶어 하지 않았다. 대신 예수 믿는 이들끼리 갖가지 활동을 벌이며 즐거이 지내는 데 초점을 맞췄다. 시내 곳곳에 커다란 예배당을 지었다. 수많은 교단들이 형성되고 서른 개가 넘는 신학교가 세워졌다. 국내 전도를 전담하는 선교 위원회까지, 필요한 조직은 다 갖췄다. 현지에 사는 친구는 말했다.

"목사님, 교회의 틀은 완벽하게 잡혔어요. 없는 건 그리스도의 심장뿐이죠."

기가 막혀서 말이 안 나왔다. 복잡한 생각이 꼬리에 꼬리를 물었다. '예수님의 마음만 빼고 한 점 부족함 없이 교회의 골격을 세운다는 게 될 법이나 한 얘길까? 편안한 생활에 취하고 치러야 할 대가가 두려워서 세상의 뭇 민족들을 향하신 하나님의 뜻을 문자 그대로 새카맣게 잊어버린다는 게 정말 가능할까?'

답은 금방 나왔다. 얼마든지 그럴 수 있다. 오늘날 미국 사회만 봐도 그렇지 않은가! 자원이 넘쳐 나고, 어마어마한 빌딩이 줄줄이 들어서며, 이루 헤아리기 어려울 만큼 다양한 프로그램이 돌아가고, 각종 집회와 대규모 행사가 하루에도 몇 개씩 열리지만, 주변 세계에서는 여전히 허다한 백성들이 복음을 듣지 못한 채 살아간다. 하지만 최소한 겉으로 보기엔 다들 거기에 대해 별 문제의식 없이 지내는 듯하다. 교회도, 그리스도도, 복음도 없이 하루하루 연명하는 이들이 수두룩한 실정에도 별 아픔을 느끼지 못하는 것처럼 보인다.

기독교 부족들의 마음가짐을 친구에게서 전해 들은 날, 창밖으로 시내를 굽어보며 상념에 잠겼다. '어떻게 달라질까? 이곳의 기독교 부족민들이 모험에 나선다면 어떤 변화가 일어날까? 복음을 접해 보지 못한 섬 주민들에게 진지하게 다가서기 위해 라이프 스타일을 바꾼다면 어떻게 될까? 교회들이 소유한 자원들을 기꺼이 희생해서 예수의 이름을 알지도 못하는 이들에게 창의적인 방식으로 구원의 기쁜 소식을 전한다면 어떤 사태가 벌어질까? 과연 그리스도인 하나하나가 하나님의 영광을 위해 떨치고 일어날 수 있을까?'

생각은 끝없이 이어졌다. 그렇다면 우리 교회의 사정은 어떠할까? 하나님은 브룩힐즈교회를 비롯해서 수많은 교회들에게 풍부한 자원과 다양한 은사, 각양각색의 재주와 일일이 꼽을 수 없을 만큼 다채로운 달란트, 어마어마한 현금 자산 따위의 은혜와 축복을 물 붓듯 베풀어 주셨다. 기꺼이 위험을 무릅쓸 각오를 하고, 라이프 스타일을 바꾸며, 교회의 힘을 모아 복음을 들고 그리스도를 알지 못하는 민족들에게로 달려간다면 지구상의 모든 백성에게 구원의 메시지를 선포할 수 있을 것이다. 마침내 땅 끝까지 복음을 전하는 것이다.

땅 끝이라고?

물론이다. 그리스도인은 세상의 종말을 갈망하며 살아야 한다. 제정신이냐는 소릴 듣기 전에 서둘러 까닭을 설명하는 게 좋겠다.

어느 날, 예수님은 제자들을 앞혀 놓고 세상에 다시 오셔서 인류의 역사를 마무리 지으시는 날에 관해 말씀하셨다. 그때부터 토론은 온갖 주제를 둘러싼 격론으로 발전했다. 주제마다 해석상의 견해 차이가 거대한 늪을 이룬다. 하지만 수정처럼 투명해서 논란의 여지가 전혀 없는 대목이 있다. 조지 앨든 래드(George Eldon Ladd)가 "오늘날 하나님의 백성들에게 주신 주님의 말씀 가운데 가장 중요한 구절"로 꼽은 말씀이다.[8] 마태복음 24장 14절에서, 예수님은 제자들에게 이렇게 이르셨다.

"이 천국 복음이 모든 민족에게 증언되기 위하여 온 세상에 전파되리니 그제야 끝이 오리라."

나중에 단순히 제자를 삼는 게 아니라 "모든 민족으로"(마 28:19) 제자를 삼으라고 명령하실 때도 여기서 사용한 것과 똑같은 어구를 쓰셨다. 우리말 신약 성경의 '민족'은 '에트네(ethne)'라는 헬라어를 번역한 말로 본래 세계의 모든 종족을 가리키는 단

어다.

예수님이 이 말씀을 하실 당시에는 요즘처럼 국가를 구분하는 지정학적인 경계선이 존재하지 않았다. 이 사실을 염두에 두는 게 대단히 중요하다. 오늘날에는 지구상에 약 190개국이 존재하지만 주님이 활동하실 무렵에는 사정이 달랐다. 따라서 그리스도가 언급하신 '민족'이란 국가가 아니라 씨족이나 부족, 또는 언어와 문화적 특성을 공유하는 다른 인간 집단을 의미한다. 학자들은 '인종언어학적인 그룹', 또는 그저 '종족'이라고 부른다.

한 나라에도 여러 종족이 존재할 수 있으므로 지극히 합리적인 표현이라 할 수 있다. 가령, 인도에는 제각기 다른 언어와 관습, 문화와 종교를 소유한 종족이 무수히 존재한다. 수많은 종족이 인도 전역에 흩어져 살고 있는 셈이다.

인류학을 연구하는 전문가들은 세계에 1만 1천 개의 서로 다른 종족이 있다고 말한다. 학자들이 정의하는 '민족'이 예수님이 말씀하신 '에트네'와 정확히 일치한다고 장담할 수는 없지만 범위를 추정해 보기에는 적당하다.

민족의 개념이야 어찌되든, 예수님이 마태복음 28장 19절에서 제자들에게 세상 모든 민족에게 가라고 명령하셨으며, 24장 14절에서는 그 모든 백성들이 복음을 듣게 되리라고 약속하셨다는 것만큼은 명명백백한 사실이다. 실제로 그들이 모두 구원의 기쁜 소식을 듣기 전까지 예수님은 결코 다시 오시지 않을 것이다.

　개인적으로는 허다한 그리스도인들이 여기에 담긴 가장 중요한 부분을 잊고 사는 게 아닌가 의문스럽다. 쉽게 얘기해서, 지상 명령을 수없이 공부하고 설교하면서도 정말 핵심이 되는 가운데 토막을 잊고 있다는 말이다.

　예수님은 지금 되도록 많은 민족들에게 가서 복음을 전하라고 분부하시는 게 아니다. 이 점을 놓치지 말라. 주님은 제자들에게 가서 '모든 민족'을 제자로 삼으라고 또박또박 가르치셨다. 그리스도는 어느 종족의 구성원들 가운데 일정한 숫자가 돌아오면 다시 오셔서 시간의 역사를 종결시키겠다고 말씀하신 적이 없다. 그날은 마지막 종족까지 다 하나님의 품에 안겨야 닥쳐올 것이다.

　애당초 이것이 하나님의 계획이었다. 모든 종족에 은총을 골고루 베푸시려는 특별한 뜻을 가지고 아브라함과 이스라엘 백성들에게 복을 내리셨다. 모든 종족에 주님을 찬양하는 소리가 울려 퍼지게 만들기 위해 이집트에서 종살이하던 자녀들을 해방시켜 약속의 땅에 정착시키셨다. 거룩한 영광이 온 종족에 두루 퍼지게 하시려고 친히 선택하신 백성들을 포로로 내주셨다가 다시 귀환시키셨다. 예수님은 모든 종족에 복음이 선포될 것이라고 약속하셨다. 교회 역사는 모든 민족들 속으로 복음이 퍼져 나가는 이야기이며, 초대교회 지도자들은 "그리스도의 이름이 알려진 곳 말고, 알려지지 않은 곳에서 복음을" 전하겠다는 커다란 포부를 품었다.[9]

래디컬 투게더

사도 요한은 하늘나라에 울려 퍼지는 노래를 기록하면서 모든 민족의 찬양을 받고자 하시는 하나님의 열정에 감탄부호를 붙였다.

이 일 후에 내가 보니 각 나라와 족속과 백성과 방언에서 아무도 능히 셀 수 없는 큰 무리가 나와 흰 옷을 입고 손에 종려 가지를 들고 보좌 앞과 어린 양 앞에 서서 큰 소리로 외쳐 이르되 구원하심이 보좌에 앉으신 우리 하나님과 어린 양에게 있도다!(계 7:9-10).[10]

바로 이것이다. 마지막 때가 이르면, 하나님이 태초부터 설계해 두신 그대로, 모든 종족이 예수님의 보좌 앞에 나와서 주님의 이름을 소리쳐 부르며 그분이 베푸신 구원을 찬양할 것이다. 그 감격적인 순간을 고대하면서 사도 요한은 격정적인 부르짖음으로 성경을 마무리 지었다.

"주 예수여 오시옵소서!"(계 22:20)

모든 민족에게 복음이 전파되는 날, 주님은 다시 오신다. 그러기에 예수님은 가능한 한 많은 이들에게가 아니라 최후의 하나까지 지구상의 모든 종족에게 복음을 전하라는 사명을 교회에 주셨다. 진정 이 과업이 완수될 때까지 예수님의 재림은 없다.

앞으로 얼마나 많은 숙제를 해치워야 할지 감이 잡히지 않는가? 선교 관계자들은 어떤 종족에 아직 복음이 들어가지 않았는지 파악하려 노력한다. 전문가들은 복음적인 그리스도인의 비율이 2

퍼센트에 미치지 못하는 종족을 미전도 종족으로 분류한다. 거기에 속한다는 건 태어나서 살다가 죽을 때까지 단 한 번도 복음을 듣지 못할 가능성이 크다는 의미다. 세상에 존재하는 1만 1천 개에 이르는 종족 가운데 대략 6천 개가 넘는 민족이 지금도 예수님을 모르는 채 세월을 보내고 있다.

그리스도인의 과제는 엄청나면서도 분명하다. 수천 개에 이르는 민족들이 여전히 복음을 접하지 못한 상태이며 예수님은 그 백성들에게 구원의 기쁜 소식을 전파하라고 명령하셨다(부탁이 아니라 명령이다). 따라서 복음을 들고 미전도 종족에게 가는 일을 의도적으로 기피한다면 그리스도의 명령에 불순종하는 것이다. 모든 종족에 복음을 확산시키는 일을 으뜸으로 여기지 않는 교회는 하나님 앞에서 그릇된 길을 가는 셈이다.

그중에는 이렇게 묻는 이들이 있을지 모른다.

"예수님이 생각하신 민족과 우리의 민족 개념이 서로 다르다면 어찌할 것인가? '가다'라는 동사를 주님과 달리 해석하고 있다면 어떻게 되는가? 복음을 들어야 할 민족이 6천 개나 남아 있는 한, 천하의 예수님이 제아무리 원할지라도 세상에 오시지 않으며 그럴 힘도 없다는 의미인가?"

개인적으로는 아주 조심스럽게 접근하고 싶다. 앞에서 인정했던 것처럼, 미전도 종족에 대한 정의가 정확하지 못할 가능성은 얼마든지 남아 있다. 그리스도가 다시 오실 정확한 시점은 말 그

래디컬 투게더

대로 아무도 모르는 게 사실이다(마 24:36). 그렇지만 예수님이 아직 재림하시지 않았다는 건 아직 해결되어야 할 일이 남았다는 뜻이다. 이것만큼은 확실하다.

이에 관해서는 아무래도 조지 래드의 말을 인용하는 편이 나을 듯하다.

> 오직 하나님만이 그 말의 참뜻을 정확하게 아신다. 인간으로서는 '모든 민족'란 표현의 진의를 똑 부러지게 파악할 길이 없다. '복음화'라는 게 무슨 뜻인지 헤아리시는 분은 주님뿐이다. 그분만이 … 그 목표가 언제 달성될지 아신다. 그렇지만 나로서는 굳이 그럴 필요가 없다. 한 가지만은 분명히 알고 있다. 그리스도는 아직 오지 않으셨다. 과업이 아직 해결되지 않았기 때문이다. 마침내 그 숙제가 완성되는 날, 그리스도는 다시 오실 것이다. 그리스도인이 해야 할 일은 과업의 개념을 정확하게 정의하는 게 아니라 맡겨진 책임을 완수하는 것이다. 예수님이 오시지 않았다는 건 마쳐야 할 일이 남았다는 얘기다. 서둘러 나가 사명을 다하자.[11]

영혼을 사이에 두고 벌어지는 쟁탈전

마태복음 24장 14절에서 예수님은 "이 천국 복음이 모든 민족에게 증언되기 위하여 온 세상에 전파되리니 그제야 끝이 오리라"

고 말씀하셨다. 주님이 쓰신 표현들이 무겁게 다가오기가 무섭게 뇌리를 스치는 생각이 있었다. '그렇다면 사탄도 지옥의 담벼락마다 이 구절로 도배를 해 놨겠구나!' 왜냐고? 세상 모든 민족에 복음이 들어가고 마지막 순간이 닥친다는 건 마귀의 세력에겐 희소식이 아니기 때문이다. 사탄과 그 졸개 마귀들에게 종말이란 끝없는 재앙을 의미한다. 그러므로 놈들로서는 복음이 모든 민족들 위에 편만해지는 사태를 방지하기 위해 가진 자원을 아낌없이 쏟아부어 가며 총력전을 펼칠 게 자명하다. 지상명령이 성취되는 순간만큼은 피하고 싶으니 그럴 수밖에 없을 것이다.

문제는 우리다. 민족과 종족과 백성과 언어에서 나온 수를 셀 수 없을 만큼 큰 무리가 구세주를 에워싸고 영광을 돌리는 모습을 목격하길 정말 기대하는가?

진심으로 마지막 때를 기다린다면 대가를 치러야 한다. 마태복음 24장 14절의 약속을 주시기 직전에 예수님은 이렇게 말씀하셨다.

"그때에 사람들이 너희를 환난에 넘겨주겠으며 너희를 죽이리니 너희가 내 이름 때문에 모든 민족에게 미움을 받으리라"(마 24:9).

그동안 모든 민족들이 두 팔을 벌리고 기다리고 있음에도 불구하고 돈이 없어서 복음을 들고 달려가지 못했던 게 아니다. 다가서기가 버겁고 구원의 복된 소식을 전할 방도가 마땅치 않아서

래디컬 투게더

들려주지 못했을 따름이다. 세상에서 그리스도의 명령을 따르길 소원하며 주님이 다시 오시는 역사의 마지막 순간을 간절히 기다리는 그리스도인과 교회라면, 하나님과 복음을 중심에 품고 치열한 영적 싸움을 견디는 인내심을 가져야 한다.

이러한 영적 전투는 우주적이다. 모든 민족과 종족과 언어를 아우르는 다툼인 까닭에 지구상에 머무는 한, 피할 곳이 없다.

싸움의 결과는 치명적이며 영구적이다. 한편에는 모든 민족들로 하여금 하늘나라에서 영원한 기쁨을 누리게 하시려는 온 천지의 주인이신 참 하나님이 계신다. 다른 한쪽에는 어떻게 해서든 모든 민족을 지옥에 가둬 두고 한없는 고통을 주고 싶어 하는 세상의 악신들이 존재한다.

그리스도인이 치러야 할 영적 싸움의 상대는 가공할 만한 파괴력을 가졌다. 굶주린 사자처럼 닥치는 대로 달려들어 숨을 끊어 놓으려 드는가 하면, 겁 없이 하나님을 헐뜯으며 그 자녀들을 멸망시키려 한다. 교회가 선 곳마다 찾아다니며 시험과 유혹으로 그리스도인을 실족시키는 데 몰두한다. 재물과 성공을 미끼로 덫을 놓고 안락한 현실에 만족하며 안주하게 만든다. 그리스도를 알고 그분의 영광을 땅 끝까지 드러내지 못하도록 온갖 수단을 동원하여 교란작전을 편다.

사탄의 전술은 교묘하다. 심지어 그럴듯한 논리로 선교론을 펼치기도 한다. 오늘날 교회 안에서 벌어지는 선교에 관한 담론에 은근슬쩍 끼어들어 논점을 흐리고 현실을 왜곡한다. 일각에서는 그리스도인들에게 스스로 생활 현장에 파송된 선교사로서 정체감을 가지라고 권면하는 동시에 복음을 들고 지역문화 속에 뛰어들라고 격려한다. 반면에 선교를 특별히 구분해서 엄격하게 규정하려는 자세를 가진 교회들은 그런 권면과 격려를 수정하고 싶어 한다.

하지만 성경이 말하는 선교는, 뿌리내리고 사는 지역을 사랑하며 구원의 메시지로 무장하고 고유한 문화에 침투하는 작업뿐만 아니라 고향을 떠나 전혀 다른 문화권으로 스며들어 가는 노력까지를 한꺼번에 아우른다.

개인적으로 사탄은 시간과 에너지, 재정 자원 가운데 대부분을 주변 지역에 쏟아붓는 서구 교회들에게 크게 신경 쓰지 않으리라고 본다. 어떤 점에서는 도리어 기뻐할지도 모른다. 코앞에 있는 이들에게 정신이 팔려서 복음을 접해 보지 못한 채 어둠 속에 헤매는 6천 여 민족 집단들에게는 눈길을 주지 않을 게 분명하기 때문이다.

이와 달리, 긴박하며 희생적이고 급진적인 마음가짐으로 분연히 일어나, 하나님 나라의 복음을 들고 세상 모든 민족 집단으로 들어가는 예수 그리스도의 교회는 지옥의 권세와 충돌할 각오를 해야 한다. 내부에 분열이 일어날 수도 있고, 방향감각을 잃고 헤맬 수도 있으며, 엉뚱한 데 눈길을 줄 수도 있고, 원수의 기만전

술에 넘어갈 수도 있고, 질병과 죽음의 위협에 노출될 수도 있다. 절대로 쉬운 일이 아니다. 값비싼 대가를 치러야 하는 일이다.

그러나 진정으로 선교적인 교회와 그리스도인들은 세상을 꿰뚫어 보고 "어린 양이 흘린 피와 자기들이 증언한 말씀을 힘입어서 그 악마를 이겨 냈다. 그들은 죽기까지 목숨을 아끼지"(계 12:11, 새번역) 않았기 때문이다.

브룩힐즈교회의 바루티

교회의 궁극적인 목표가 모든 민족에게 복음을 전하는 데 있다면, 그리스도인 공동체에서 하는 일들은 예외 없이 그 과녁을 겨냥해야 한다.

브룩힐즈교회에 부임하자마자 어떤 계층을 표적으로 삼을지 파악하는 작업에 들어갔다. "누가 브룩힐즈의 밥(Bob)이 될 것인가?" 다시 말해서, 어떤 프로필을 가진 이들에게 복음을 들고 다가설 것인가 하는 물음이었다.

답은 명확해 보였다. 지역사회에 넘쳐나는 직장인들을 타깃으로 삼는 게 마땅할 듯했다. 교육 수준이 높고 중산층이 다수를 차지하는 도시에서 여러 자녀를 양육할 수 있을 만큼 넉넉한 연봉을 받는 40대 남녀들로 대상을 압축할 수 있었다. 다들 이런 부류에 속하는 이들에게 교회의 역량을 집중하는 게 좋겠다고 했다.

동의할 수가 없었다.

그런 조건에 맞는 이들이 소중하지 않아서가 아니었다. 버밍엄에 생활 근거를 둔 그런 직장인들과 그 가정 하나하나를 그리스도께 인도하는 것은 대단히 중요한 일이었다. 하지만 브룩힐즈교회의 중산층인 밥이 될 만한 상대에게 달려가는 걸 목표로 삼지 말자는 게 최종 결론이었다. 대신 브룩힐즈의 바루티(Baruti)를 찾아가기로 했다.

무슨 소리냐고? 바루티는 버밍엄에 사는 인물이 아니다. 수천 킬로미터 떨어진 북아프리카에 사는 남자다. 문맹에다 가난뱅이다. 외부에서 지원해 주는 구호 식량과 물에 의지해 간신히 살아간다. 아무도 예수님을 모르고 심지어 그 이름을 들어 본 적도 없는, 신체적 영적 굶주림에 시달리는 민족 속에 태어났다. 그런 상태를 바꿔 보려는 노력도 없었다. 바루티의 동족 가운데 그리스도를 만나고 그분을 통해 구원을 받았던 한 여인은 이내 남편과 아버지의 손에 끌려가 죽음을 맞았다. 바루티는 아무 힘이 없는 잡신을 열심히 섬기며 죄에 물든 자신의 실체를 보지 못하고 구세주의 메시지를 완강히 거부했다.

브룩힐즈교회가 찾아가 만나야 할 상대는 바로 그런 인물이다. 그곳에 들어가 살며 계획을 세우고, 전략을 짜고, 조직을 만들고, 열심히 활동해서 바루티 같은 이들이 복음을 듣고 받아들이게 인도할 것이다.

대상이 바뀌면서 브룩힐즈교회에서 하는 사역 전체가 달라졌다. 모든 민족을 목표로 하면서, 다가가야 할 상대를 예배당 반경 수 킬로미터 안에 사는 주민들로 국한할 수는 없는 법이다. 모든 민족을 타깃으로 삼는다면, 교회에서 수천 킬로미터 떨어진 지역에 사는 이들에게 복음을 잘 전할 수 있는 길을 찾아 전략을 수립하는 게 당연하다.

브룩힐즈교회 인근에 사는 이들은 제쳐 두겠다는 뜻이 아니다. 실제로 인근에 사는 다양한 계층의 주민들에게 열심히 그리스도를 소개할 것이다. 하지만 그렇게 그리스도께 돌아온 이들에게는 바루티 같은 민족들에게 구원의 기쁜 소식을 선포하는 데 삶을 드리라고 권면할 작정이다.

바루티처럼 복음을 접해 보지 못한 수십 억 인구를 위해 기도하라고 권면할 것이다. 하나님 말씀을 익혀서 우리 문화권은 물론 그 울타리 너머에 존재하는 여러 문화권에도 그 가르침을 나눌 준비를 갖추도록 훈련할 것이다. 버밍엄에서 더 안락한 삶을 추구하는 데 가진 걸 소모하지 말고 바루티처럼 사는 뭇 백성들에게 복음을 전하는 데 사용하도록 권하고 독려할 것이다. 하나님이 바루티와 같은 이들의 삶에 거룩한 영광을 드러내시기 위해 히락하신 직장, 관계, 지위, 재산, 부, 은사, 재주 따위를 어떻게

141

사용할지 더불어 꿈꾸며 고민할 것이다. 단순하고, 재현가능하며, 교차문화적인 방식으로 제자를 삼아서 언젠가 바루티 부류에 속하는 이들에게도 영향을 미칠 수 있도록 동기를 부여할 것이다.

'그럼, 목표는 바루티고 밥은 도구인가? 결국 바루티가 밥보다 더 중요하고 소중하다는 뜻이잖아?'라는 의문이 들지도 모르겠다. 무슨 뜻인지는 알겠지만, 지금껏 내가 한 이야기에 그런 의도는 전혀 없었다. 하나님은 밥과 바루티를 똑같이 소중히 여기신다. 그리스도를 주님으로 모시지 않는 한, 하나같이 잃어버린 양일 따름이다. 두 쪽 모두 복음을 들을 필요가 있다.

하지만 브룩힐즈교회가 오로지 밥에게만 초점을 맞춘다면, 설령 성공적으로 구원의 메시지를 전달한다손 치더라도 궁극적으로는 바루티가 속한 종족을 비롯해 세상 모든 민족에게 가서 복음을 들려주라는 예수님의 명령에 온전히 순종하지 못하는 결과가 된다. 그러므로 적어도 내가 목회하는 교회만큼은 오직 밥에게만이 아니라 버밍엄 주민 모두는 물론이고 바루티에게도 눈길을 주도록 이끌고 싶다. 일단 바루티에게 복음을 전한 뒤에는 그를 준비시켜 또 다른 미전도 종족에게 다가서게 할 생각이다. 이런 과정은 '미전도' 딱지가 붙는 민족이 완전히 사라질 때까지 계속될 것이다.

래디컬 투게더

양자택일이 아니라 양쪽 모두

이건 제자 삼는 사역의 특질과 관련이 있는 대목이다. 예수님이 보여 주신 패턴과 선례를 좇는다면, 밥과 바루티 가운데 어느쪽을 선택할지 고민할 필요가 전혀 없다. 양쪽 모두에게 복음을 전하면 그만이다.

예수님의 삶과 리더십을 곱씹어 보라. 주님에게는 아버지의 영광을 모든 민족에게 드러내겠다는 분명한 열정이 있었다. 아울러 비교적 외진 지역의 대단찮은 몇몇 인물들과 어울려 일생을 보내셨다. 하지만 언제나 그 테두리 너머로 복음을 퍼트리는 데 목표를 두고 제자들을 돌보셨다. 예루살렘이나 갈릴리의 필요를 채우는 데만 관심을 두시지 않았다. 뭇 민족과 백성들을 염두에 두시고 한 줌도 안 되는 예루살렘과 갈릴리 출신들에게 삶을 쏟아부으셨다. 훗날, 그 소수의 제자들은 온 천하를 요동치게 했다(행 17:6). 21세기를 사는 현대인들에게 구원의 감격을 맛보게 하시려고 1세기 유대인 열두 명에게 전 생애를 거셨던 셈이다. 예수님에게 구원 문제는 양자택일이 아니라 양쪽 모두를 겨냥해야 할 사안이었다.

브룩힐즈교회로서는 복음을 들고 지역으로 들어갈지 아니면, 해외로 나갈지 선택할 필요가 없다. 제자를 삼는다는 목표를 생각하면 둘 중 하나를 골라야 한다는 부담에서 완전히 자유로울 수 있다. 지금 사는 지역에서 맺고 있는 의도적인 관계의 맥락 속에서 복음의 지경을 넓혀 가노라면, 결과적으로는 현재 머무는 장소의 한계를 훌쩍 뛰어넘어 구원의 메시지를 확산시키는 사역을 하게 된다. 그리고 주님의 지상명령을 성실하게 이행하다 보면 늘 모든 민족에게 복음을 전파하며 살아가고 또 그렇게 되기를 갈망하게 마련이다.

브룩힐즈교회에 출석하는 어느 부부의 경우를 생각해 보자. 남편 잭(Jack)은 어느 모로 보든 밥에 가까운 인물이었다. 요샛말로 잘 나가는 중년 경영인으로 버밍엄에 살고 있었다. 이들은 그리스도를 믿고 나서 이웃집 내외를 집으로 초대해 예수님을 전하고 주님 안에서 성장시키는 사역을 시작했다. 시간과 에너지를 쏟아가며 여러 부부를 훈련시킨 뒤에는 스스로 나가서 제자 삼는 일꾼의 역할을 감당하게 했다. 그리곤 잭과 사라는 곧바로 다른 이들 붙잡고 똑같은 과정을 반복했다.

이야기는 여기서 끝나지 않는다. 제자 삼는 사역이 세상을 향한 하나님의 뜻을 성취하는 통로가 될 수 있다는 사실을 깨달은 것이다. 잭은 사업체를 활용하고 재산을 투입해서 세계 곳곳에서 영적으로든 신체적으로든 극도로 궁핍한 지역에 복음의 씨앗을 뿌리는 일에 착수했다. 아울러 집에서 함께 모임을 갖는 이들을 가르쳐서 저마다 힘닿는 데까지 똑같은 사역을 하도록 인도했다. 그런 과정의 일환으로, 함께 공부하는 부부들을 데리고 단기 해외 선교 여행에 나서기도 했다. 하나님이 세상을 향해 어떤 마음을 품고 계신지 직접 체험하게 했다. 그러고는 제각기 땅 끝까지 복음을 확산시키는 일에 자신과 가족이 어떻게 쓰임받을 수 있을 지 고민하도록 도전했다.

제자 삼는 사역을 하고 있었으므로, 잭과 사라의 삶은 필연적 으로 지역적인 동시에 국제적이었다. 스무 해를 내리 한 동네에 살고 있지만, 둘의 집은 세계 선교의 베이스캠프가 되었다. 두 부 부에게 훈련받은 가정 가운데 일부는 버밍엄의 저소득층 밀집 지 역으로 이사했다. 잭과 사라가 그랬던 것처럼, 다른 이들을 위해 자신의 삶을 바친 것이다. 더러는 해외로 나가기도 했다. 현재 아 프리카와 아시아에 몇 가정이 나가 있는데, 하나같이 두 사람이 벌인 제자 삼는 사역의 열매들이다. 이들 부부와 삶을 나누었던 나머지 부부들은 아무데로도 가지 않았다. 하지만 그들 또한 제 자를 낳는 일에 헌신했으며, 잭과 사라가 온몸으로 보여 준 본보 기를 좇아 손에 쥔 자원을 아낌없이 써 가며 땅 끝까지 복음을 전 하는 일에 매달리고 있다.

"목사님, 왜 버밍엄에 사는 이들부터 돌보지 않는 거죠?"

잭은 이렇게 물은 적이 한 번도 없다. 이 지역에서 제자를 삼는 게 곧 여러 민족에게 복음을 전하는 일이며, 세계 구석구석에 구 원의 소식을 전파하는 게 곧 가까운 동네에서 주님을 좇을 이들 을 찾는 일이라는 사실을 잘 알고 있기 때문이다. 사역지의 멀고 가까움은 하나님의 계획에 들어 있지 않다는 게 잭과 사라의 생각이다. 그런 의식의 타당성을 입증이라도 하듯, 둘의 도움으로 제자가 된 또 다른 가정은 지금 교회에서 북아프리카의 어느 미전도 종족을 돕는 개척 팀 리더로 섬기고 있다.

주님을 만난 브룩힐즈교회의 밥은 결국 브룩힐즈교회의 바루티에게로 달려가게 되는 셈이다.

제자화 사역의 불씨, 단기 선교

개인적으로 단기 선교를 맹렬하게 지지하는 까닭이 여기에 있다. 모든 민족에게 시선을 두는 문제에 관해 지겨우리만치 장황하게 설명했다. 그럼에도 불구하고, 직접 현장으로 달려가 두 눈으로 확인하기 전까지는 열방을 향한 하나님의 뜻을 이루는 사역의 긴급성을 과소평가하는 이들이 많다. 그래서 브룩힐즈교회에서는 의도적으로 성도들을 격려해서 단기간 동안 집중적으로 전혀 다른 환경에 들어가 복음을 전파하는 경험을 쌓게 한다.

단기 선교를 두고 이러니저러니 말들이 많지만, 긍정적인 측면이 분명히 존재한다. 물론, '거룩'으로 덧칠한 휴가 여행으로 변질될 가능성이 있다. 가끔씩 예배를 드리면서 신기한 풍광을 즐기는 관광 여행이 될 수도 있다. 다른 문화권에 들어가 재생산과 자가발전이 가능한 방식으로 복음을 심는 사역에 조금이나마 힘을 보태는 게 아니라 그저 현지 그리스도인들의 등이나 몇 번 토닦거려 주고 돌아오는 것이다.

바람직한 단기 선교는 낯선 환경 속에 들어가 장기적인 제자화 사역이 시작되도록 불을 댕기는 과정이 되어야 한다. 다른 나라에 들어가서 한두 주 만에 제자를 삼는 일을 마무리 지을 수 없다는 건 두말할 필요가 없을 만큼 분명하다. 며칠 만에 제자를 낳겠다는 발상 자체가 비현실적인 동시에 비성경적이다. 그러나 뜻을 품고 제자를 낳는 일에 전념하는 타문화권의 그리스도인들의 동반자가 되어, 시간이 허락되는 대로 섬기는 자세는 복음화 과정을 기하급수적으로 앞당기는 데 큰 힘이 될 수 있다.

동시에, 성공적인 단기 선교는 파송하는 교회 안에서도 장기적인 제자화 사역의 불씨가 되어야 한다. 다른 상황에 들어가는 그 순간부터 우리는 그리스도 안에서 함께 성장한다. 불편한 조건 속에서 움직이는 사이에 시야가 열리고 심령이 변한다. 당장 끼니거리가 없는 형제자매들을 섬기든, 아니면 예수라는 이름을 들어 본 적조차 없는 이들에게 복음을 전하든, 하나님은 그 일에 뛰어든 그리스도인의 내면에 역사하셔서 반드시 변화를 일으키신다. 현지의 식구들과 함께 도움과 도전, 섬김과 자극을 주고받으며 그 중심에 계신 그리스도를 향해 다양한 상황을 헤쳐 나가는 체험이야말로 단기 선교의 중요한 목적 가운데 하나다.

온두라스 테구시갈파로 떠났던 단기 선교 여행이 기억난다. 전에도 비슷한 여행을 다녀온 경험이 있지만, 이번에는 대단히 특

별했다. 극심한 빈곤에 시달리는 이들이 모여 사는 지역에서 제
자 삼는 일을 하는 교회를 중심으로 선교 활동을 시작했다. 그러
던 어느 날, 무방비 상태로 산자락에 있는 한 동네를 찾아갔다가
충격적인 일을 겪었다.

무질서하게 뻗어 나간 도시의 변두리를 따라 산등성이를 얼마
쯤 올라갔을 무렵, 눈을 의심할 만한 장면이 나타났다. 군데군데
연기가 피어오르는 거대한 쓰레기 산들이 끝없이 이어졌다. 썩은
음식물과 똥오줌 냄새로 코가 문드러질 지경이었다. 흔히들 이
동네를 '테구시갈파의 하수구'라고 불렀다. 하지만 인생의 막장
으로 내몰린 이들에겐 이곳이 그나마 소중한 보금자리였다.

안쪽으로 들어가자 폐기물 더미에 기대어 작대기 몇 개를 세우
고 비닐 포대를 이어 간신히 하늘을 가린 천막들이 줄지어 나타
났다. 남들이 내다 버린 냄새나는 쓰레기를 뒤져 하루하루 목숨
을 이어 가는 가족(아빠, 엄마, 아이들)들이 그 안에 살고 있었다. 무
릎까지 푹푹 빠지는 썩은 푸성귀 더미에 올라서 있던 대여섯 살
짜리 여자아이를 잊을 수가 없다.

산동네에서 이것저것 지역 교회를 도우면서 저마다의 자리에
서 누군가를 사랑한다는 게 무얼 의미하는지 배웠다. 단기간에
걸친 여행이었지만 현장의 실상을 파악하기에는 모자람이 없었다.
모든 게 선명해졌다. 수억에 이르는 인구가 굶주려 죽어 가고 있
다는 통계 수치, 수많은 남녀와 아이들이 얼마든지 예방할 수 있

래디컬 투게더

는 질병에 걸리거나 먹고 마실 게 없어서 생사의 경계를 넘나든 다는 사실, 한사코 외면하려 했던 진실 따위가 마음속에서 소용돌이쳤다. 순간, 앞으로는 전혀 다른 인생을 살겠구나 싶은 예감이 들었다.

단기 선교가 교회 안팎은 물론이고 세계 곳곳에서 제자를 삼는 장기적인 사역에 미치는 영향과 잠재력을 감안해서, 브룩힐즈교회는 성도들에게 저마다 시간의 2퍼센트(약 일주일쯤 된다)를 떼어 버밍엄을 벗어난 타지에 가서 복음을 전하도록 도전하고 있다. 교회 차원에서 의지적으로 제자 삼는 사역에 초점을 맞추는 동시에 다른 환경 속에서 벌어지는 제자화 사역과 연계시키자는 것이다. 그렇게 하면, 낯선 상황에서 소비한 2퍼센트의 시간은 익숙한 지역사회에서 보내는 나머지 98퍼센트의 세월을 획기적으로 바꿔 놓는다. 어느 성도는 이렇게 표현했다.

"바다 저편의 시간이 바다 이편의 시간을 송두리째 변화시켰습니다."

단기 선교의 성과를 딛고 장기 사역으로

제대로 운용하기만 하면 단기 선교는 삶을 급진적으로 바꿔 놓는 열매를 맺는다. 여행을 마치고 돌아온 이들 가운데는 이렇게 고백하는 이들도 있다.

"다른 세계에 들어가서 98퍼센트의 시간을 보내고 매년 2퍼센트 정도만 지금 누리는 환경으로 돌아오라고 하나님이 부르신다는 확신이 들어요."

단기 선교는 이렇게 장기적인 헌신으로 이어지는 경우가 적지 않다.

예를 들어 보자. 지난 달, 브룩힐즈교회는 언론인과 교사, 사업가로 팀을 짜서 해외로 내보냈다. 작년 한 해 동안, 엔지니어에서 각 급 학교의 행정 직원에 이르기까지 다양한 그리스도인들로 제자화 사역 팀을 꾸려서 파송했다. 전통적인 경로를 좇아 활동하는 팀이 있는가 하면, 어떤 팀은 흔치않은 역할을 감당한다. 선교 조직을 다지기도 하고 선교적인 목적으로 비즈니스의 토대를 놓기도 한다.

그래서 이런 이야기를 드물지 않게 듣는다.

"스스로 선교사라고 생각해 본 적이 없어요. 예수님에 관해 전혀 모르는 아시아인들 틈에 살면서 평생 직장 생활을 하며 얻은 노하우를 적용하는 평범한 그리스도인일 따름이죠. 왜 다들 그렇게 살지 않는 거죠?"

멋진 질문이다. 브룩힐즈교회 안에서 그 물음에 답하려는 움직임이 끊이지 않게 하신 하나님께 감사한다.

지금은 학생과 노인, 경영인과 교회 개척 사역자들로 구성된 팀을 파송하는 절차를 밟고 있다. 힘을 모아 교회를 세우고 그리

래디컬 투게더

스도를 모르는 이들에게 구원의 복된 소식을 전할 예정이다.

새로운 팀을 보낼 때마다 멤버들을 하나하나 불러서 주님이 정말 가기를 원하시는지, 아니면 응답을 기다리며 계속 준비를 갖추어야 할지 거룩한 뜻을 물으라고 도전한다. 이런 간구는 하나님을 향한 깊은 신뢰의 표현이다. 주님은 기도를 들으시고 선교팀에 맡기신 사업을 완수하는 데 필요한 요소들을 충실하게 공급해 주신다.

믿음의 가족들에게서 들은 사연들을 나누면서 분명히 짚고 넘어가고 싶은 점이 있다. 브룩힐즈교회가 이 모든 일들을 완벽하게 해내고 있는 게 아니라는 사실이다. 지난 몇 년 동안, 세계 방방곡곡에 들어가 이루 말할 수 없이 달콤한 열매들을 거두었지만 한편으로는 당장 주저앉고 싶을 만큼 어려운 일들도 무수히 겪었다. 지나치게 성급하게 현지에 뛰어들기도 했고 때로는 너무 늦장을 피우는 바람에 맞춤한 시기를 놓친 적도 있었다. 낯선 환경에 들어가 효과적으로 제자 삼는 비결을 배우기 위해서는 멀고도 험한 길을 걸어야 했다. 그러나 결코 멈추지 않을 것이다. 복음의 울타리 밖에 살던 민족들이 주님을 믿고 구원을 얻는 모습을 변함없이 지켜보고 싶기 때문이다.

여러분들도 마찬가지리라고 믿는다. 수천 개에 이르는 교회들이 미전도 종족 한둘씩을 품고 기도하며 필요한 자원을 투입한다면 얼마나 엄청난 역사가 일어날지 상상할 수 있겠는가? 교회들이 저마다 미전도 종족을 하나씩(또는 둘이 힘을 모아 한 종족을) 입양하고 현지에서 복음을 널리 전파하는 일에 적절히 자원을 활용할 전략을 세운다면 어떤 사태가 벌어질지 마음에 그려 보라.

복음으로 모든 민족을 사로잡는 바로 이것이 하나님의 계획이며 반드시 축복을 베푸시겠다고 약속하신 일이다. 이렇게 주님의 계획에 순종한다면, 생전에 지상명령이 성취되는 걸 볼 수도 있지 않겠는가? 그만하면 우리 삶과 교회를 통째로 바쳐 볼 만하지 않겠는가?

모든 민족을 위한 모두의 복음

나는 상대적으로 복음에 쉬 접할 수 있는 환경에서 나고 자랐다. 태어면서부터 줄곧 예수님이 세상 죄를 지고 십자가에 달려 돌아가셨다는 이야기를 들어왔다 해도 지나친 말이 아니다. 그리스도를 모르는 세상에 태어나면 어땠을까 생각만 해도 숨이 막힌다. 하지만 출생지는 주님을 만나는 사건과 별 관계가 없음을 겸손히 인정할 수밖에 없다. 하나님의 복음을 들을 수 있었던 유일한 이유는 주님이 은혜를 베풀어 주셨기 때문이다.

그런데 6천 개가 넘는 종족, 20억에 가까운 인구가 아직도 복음을 접하지 못하고 있다. 먼 조상 때부터 지금까지 수없이 많은 이들이 그 민족 속에서 태어나 예수님의 이름을 들어 보지도 못하고 살다가 흙으로 돌아가기를 되풀이하고 있다. 그럼에도 불구하고 어디에 태어났느냐는 구원의 결정적 요소가 아니라는 점을 생각하면 더더욱 겸손해질 수밖에 없다.

그렇다면 누구는 복음의 메시지를 듣고 또 누구는 그러지 못하는 까닭은 무엇인가? 어째서 나는 하나님의 자비를 입는 행운을 누리게 되었을까? 나뿐만 아니라 쉽게 복음에 접할 수 있으며 사시장철 구원의 메시지를 들을 수 있는 교회가 사방에 널린 지역에 사는 그리스도인이라면 누구나 생각해 봐야 할 문제다. 그럴 만한 공을 세운 적이 없음에도 불구하고 어쩌다가 이처럼 측량할 수 없는 은혜를 입게 되었을까?

하나님 마음을 정확히 헤아릴 수는 없지만, 어쩌면 온 세상을 아우르는 일을 위탁하시려고 부르셨을지 모른다는 생각을 한다. 하나님은 예로부터 지금까지 그리스도인 한 사람 한 사람을 부르신다. 그리고 구석구석 온 세상을 누비며 복음을 널리 전파하는 사명을 맡기며 거기에 삶을 바치라고 명령하신다. 모든 민족, 모든 족속, 모든 언어 그룹에 속한 이들이 이 복된 구원의 소식을 듣는 날, 인류의 역사는 마침내 마침표를 찍는다.

결국 예수님의 복음을 열정적으로 사랑하고 주님의 날이 임하길 인내하며 갈망하는 교회라면, 예수님을 모르는 백성들에게 그리스도의 영광을 드러내는 데 전념하는 삶을 살게 될 것이다.

그리스도인은 세상의 종말을 갈망하며 살아야 한다.

하나님 영광이 아니면 초개같이 버려라

「래디컬」이 출간된 뒤로 수많은 그리스도인과 교회로부터 이메일을 받았다. 그리스도가 그들을 어떻게 급진적인 순종으로 초대했는지 그 과정과 결과를 보고하는 글들이었다.

제이콥(Jacob)과 스테파니(Stephanie)는 더 큰 집을 지어 이사하려고 차곡차곡 돈을 모으는 중에 그리스도가 무슨 말씀을 하시는지 묵상하게 되었다.

이 부부의 이야기를 그대로 옮겨 보자.

"그동안 세상적인 목표를 향해 무작정 달려온 게 아닌가 하는 생각이 들었습니다. 그래서 눈을 열어 거룩한 계획을 보여 주시

길 하나님께 간구했습니다. 설령 여태 꿈꾸던 것을 포기하라고
하셔도 따르겠다고요."

주님은 그 기도에 응답하셔서 다운증후군을 앓는 아이들에게
관심을 갖게 하셨다. 다들 입양을 기다리고 있지만 선뜻 부모가
되겠다고 나서는 이들이 없었다.

스테파니의 말이다.

"웹사이트에서 수백 명이 넘는 아이들의 얼굴을 하나하나 살피
는데, 눈물이 솟구치더군요. 더 큰 집을 지을 게 아니라 그 아이
들에게 가정을 만들어 주는 게 더 급하고 중요하다는 걸 그때 깨
달았습니다."

뜻을 모은 부부는 즉시 다운증후군을 앓는 아이를 입양하는 절
차에 들어갔다. 널찍한 집을 구하는 쪽과는 정반대로 움직였다.
살던 곳보다 더 작은 집으로 옮겼다. 가진 자원을 하나님의 뜻을
위해 쓸 수 있는 여지가 한층 넓어졌다. 스테파니는 이메일에 이
렇게 적었다.

"하나님이 삶을 이렇게 바꿔 놓다니, 믿을 수가 없었어요. 기독
교 신앙의 본질은 귀찮거나, 또는 율법적인 규범이 아니라 관계
더군요. 매일 일어나자마자 하나님 말씀에 귀를 기울였습니다.
난생처음 성경을 접한 사람처럼 열심히 읽습니다. 나만을 위해
살며 낭비한 세월이 아깝지만, 지금부터라도 시간을 아껴 가며
성실하게 살렵니다. 하나님이 어떻게 인도하실지 기대가 됩니다."

래디컬 투게더

라이프 스타일을 바꾸고, 가족을 재구성하며, 자원을 재배치해서 세상을 향한 하나님의 뜻을 이루는 데 힘을 보태야 한다는 글을 읽고 수많은 이들이 제이콥과 스테파니와 같은 길을 갔다. 살던 곳에 그대로 머문 그리스도인도 있고, 해외로 나간 이들도 적지 않았다.

멜리사(Melissa)는 남편 마크(Mark)에게서 살림 규모를 줄이자는 애길 처음 들은 순간을 잊지 못한다.

"번듯한 아파트를 내놓고 반값도 안 되는 허름한 집으로 이사하자고 보채는데, 정말 망설여지더군요. '여보, 그냥 이 집을 예수님을 위해 쓰면 안 될까요?'라며 구슬렸지만, 그건 누가 봐도 핑계였어요. 남편은 그 뒤에도 부드럽게, 하지만 끈질기게 설득했어요. 그러는 사이에 하나님이 차츰 마음을 바꿔 주시더군요. '예수님을 위해서'를 내세우며 단단히 붙들고 내주지 않으려 버티는 게 한두 가지가 아니라는 깨달음이 들면서부터였어요. 재미있는 건, 예수님은 아무것도 자기 몫이라고 주장하지 않으셨다는 사실이요. 마땅히 권리를 주장할 수 있는 것들조차 다 내주시고 종의 자세를 가지신 거죠."

말씀 앞에 무릎을 꿇은 마크와 멜리사는 가난한 동네로 집을 옮기고 복음을 나누고 삶으로 보여 주는 일에 헌신했다. '주님이 허락하신 돈과 갖가지 자원, 그리고 시간을 쏟아 하나님 나라를 확장하는' 사역에 앞장선 것이다.

톰(Tom)과 에이미(Amy)는 색다른 길을 걸었다. 에이미가 보낸 글이다.

"텍사스 주의 조그만 동네에서 자란 탓인지, 집에서 차로 두 시간 이상 떨어진 곳에 살아본 적이 없습니다. 하지만 복음은 안락하고 안전한 생활과 가족, 그리고 집을 버리고 하나님을 좇아 어딘지조차 알 수 없는 곳으로 떠나라고 우리 부부를 몰아세웠습니다. 결국 두 딸을 데리고 주님이 인도하시는 대로 따라가기로 작정했습니다."

하나님은 톰과 에이미 가족을 프라하로 데려가셨다. 이메일에 따르면 이들은 지금 '전능하신 분께 의지해서 유럽 전체를 통틀어 무신론이 가장 기승을 부리는 나라에 복음을 퍼트리는 그분의 뜻을 성취하는 법'을 배우고 있다.

분명히 말해 두거니와, 꼭 살던 곳을 떠나 다른 데로 옮겨 가야 하나님 명령에 순종하는 건 아니다. 주님의 말씀은 세계 곳곳에 흩어져 사는 그리스도인 하나하나에게 각기 다른 방식으로 역사하신다.

하나님은 우체국에서 일하다 은퇴한 애리조나의 그리스도인 조르지(Jorge)에게도 역사하셨다. 그는 한동네에 사는 남미계 주민들과 더불어 복음 사역을 시작했다.

전업주부인 워싱턴 주의 크리스틴(Christine)은 하나님의 인도하심에 따라, 그리스도를 주로 섬기는 제3세계의 교사들을 돕는 사역을 시작했다.

대학 졸업반인 로렌(Lauren)은 런던에 살고 있는데, 주님의 부르심에 따라 학교에서 배운 지식과 기술을 활용하여 그리스도를 모르는 이들 틈에 들어가 일할 계획을 세우고 있다.

고등학교에 다니는 플로리다의 그리스도인 드숀(DeShawn)은 또래들과 전도 팀을 꾸려서 주일마다 동네 어귀에 나가 복음을 전한다.

노스캐롤라이나 주에서 목회를 하는 스탠(Stan)은 얼마 전, 성도들 앞에서 "그동안 교회를 꾸리는 데 급급해서 모든 민족들에게 복음을 전하는 일에 관심을 두지 않았음을 회개한다"고 고백했다. 지금은 복음을 전하고, 가난한 이를 섬기며, '세상을 소란하게 하는' 사역을 주도하고 있다.

왜일까?

어째서 이런 지역 교회들은 세계 곳곳의 긴급한 영적 신체적 필요를 기준으로 우선순위를 다시 세우고 예산을 재평가하기 시작했을까? 그곳의 성도들이 라이프 스타일을 바꾸고, 보따리를 꾸리고, 집을 팔고, 생활수준이 낮은 지역으로 이사하거나 식구들을 다 이끌고 더 위험한 지역으로 들어가는 이유는 무엇일까?

주황색 표지가 산뜻한 「래디컬」이란 책을 읽어서는 분명 아닐 것이다. 십중팔구 하나님의 강한 손에 붙잡힌 까닭이다. 하나님의 소유가 되었음을 스스로 깊이 자각하고 가진 걸 남김없이 드리고 싶어 하기 때문이다. 하나님은 저마다 삶으로, 또는 교회로 드리는 자녀들의 예배를 받으시기에 합당하며, 그러길 소망하고, 더 나아가 요구하시는 분이다. 하나님은 그처럼 삶과 돈, 꿈과 프로그램, 관계와 재물, 경력과 신뢰를 비롯해 전부를 바칠 가치가 있는 분이시다.

교회라는 이름으로 서로 하나가 된 그리스도인들은 자아를 포기한 제자가 되어 자기중심적, 즉 자기본위적인 하나님(self-centered God)을 따라가게 된다. 무슨 뜻인지 궁금한가?

그리스도를 좇기로 결정하는 순간, 자신에 대해 죽었으니 그리스도인에게 자아가 있을 리 없다. 삶의 방향을 결정할 권리도 잃어버렸다. 하나님이 주인이고, 절대자며, 왕이시다. 시간 역시 주님의 소유이므로 원하는 데 쓰실 권리가 그분께 있다. 게다가 하나님은 자기중심적이시다. 말씀을 통해 스스로의 영광을 선포하셨으며 세상 만물에 자신의 영광을 드러내셨다. 하나님이 하나님을 높이며 찬양하는 셈이다. 그게 어떤 식으로든 마음에 들지 않는다면 여쭤 보라.

"하나님 말고 달리 높일 만한 대상은 없습니까?"

주님이 얼른 누군가, 또는 무언가에 영광을 돌린다면 그분은 더 이상 찬양받으실 하나님이 아니다. 하나님이 하시는 일, 심지어 선택한 백성을 구원하시는 역사마저도 궁극적으로 주님께 초점을 맞춘다. 여호와 하나님이야말로 모든 민족으로부터 모든 경배를 받으셔야 할 분이기 때문이다.[12]

그러므로 개인적으로든 힘을 모아서든, 그리스도인들은 자아를 내려놓고 자기중심적인 하나님을 따라가게 되어 있다. 이건 어김없는 사실이다. 하지만 교회들이 이걸 거꾸로 이해하는 게 문제다. 자기중심적인 제자가 되어 자아가 없는 주님을 섬기려 든다는 얘기다.

마치 하나님을 인간의 필요를 채우고, 안락한 생활을 보장하고, 비위를 맞추기 위해 존재하는 분처럼 여기도록 교회를 이끌어 간다. 주님의 뜻을 묻는 대신 무얼 하고 싶으냐는 쪽으로 논의가 흘러가기 일쑤다. 알게 모르게 교회는 스스로의 기쁨을 추구하는 수단이자 자족의 상징이 되고 있다.

하지만 교회의 일반적인 관행들에 '그리스도를 향한 급진적인 순종'이라는 원리를 들이대면, 곧바로 놀라운 일들이 벌어진다. 순식간에 자기를 부인하고 하나님께 의지하는 깊고도 영원한 기쁨을 깨달은 공동체가 눈앞에 펼쳐진다.

목숨이라도 내놓을 수 있는 그리스도인으로

목회자가 되고 나서 처음 몇 달 간은 가파른 학습 곡선을 좇아 가느라 정신이 없었다. 여태 목회라는 걸 해 본 적이 없었기에 교회가 나갈 방향을 결정하고 비전을 공유하는 법을 소개하는 서적들에 파묻혀 지냈다. 글쓴이들은 교회를 어디로 인도하든지, 우선 매력적인 미래상을 제시하고, 지금 벌이고 있는 일들이 지향하는 방향을 가시적으로 보여 주어야 한다고 입을 모았다. 널리 존경받는 어느 목회자는 이렇게 주장했다.

"교회를 얼마나 크게 키워 갈지 결정하라. 다섯 명이 나오는 교회인가? 열 명, 아니면 백 명이 출석하는 교회인가? 얼마가 됐든지, 그 목표를 향해 나가라. 지금부터 5년, 10년, 20년 뒤에 마주하게 될 예배당(플러스 부속 건물들)의 모습을 마음에 그리고 그 꿈을 실현하기 위해 전진하라. 어떻게 하면 더 획기적인 예배를 드릴 수 있을지 궁리하라. 이 모두가 중요하므로 비전을 면밀히 검토하고 다듬어 줄 컨설턴트를 채용하라. 비전이 없는 백성은 망한다고 가르치는 잠언 29장 18절 말씀을 잊지 말라."

처음엔 절로 고개가 끄덕여졌다. 하지만 시간이 갈수록 그 비전이라는 걸 떠올리기만 해도 구역질이 났다. 물론 목표를 설정하고 달성하는 건 대단히 중요한 일이다. 하지만 정말 구름처럼 많은 성도들이 환상적인 음향 및 영상 설비가 갖춰진 근사한 예배당에 앉아서, 또는 비디오 화면이나 3D 화상을 통해 설교에 귀를 기울이는 걸 유일한 목표로 삼고 달려가야 하는가? 아무리 생각해도 그걸 삶과 목회의 비전으로 삼았다가는 반드시 망할 것 같았다.

그래서 성도들을 앉혀 놓고 물었다.

"우리의 비전은 무엇입니까? 무얼 보고 싶습니까? 앞으로 어디에 관심을 쏟으면 좋겠습니까? 온 마음을 다해 어떤 일을 할까요?"

라이프스타일을 바꾸고, 가족을 재구성하며, 자원을 재배치해서 세상을 향한 하나님의 뜻을 이루는 데 힘을 보태야 한다는 글을 읽고 많은 성도들이 제이콥 부부와 같은 길을 갔다.

함께 기도했고 분명한 답을 얻었다. 예수 그리스도의 교회가 품을 수 있는, 품어야 할 비전은 모든 민족들에게 하나님의 영광을 드러내는 것 하나뿐이다. 하나님이 기뻐하시는 미래상과 방향이 곧 교회가 나아갈 길이 되어야 한다. 풍족한 예산, 수많은 성도, 왕성한 활동을 추구하기보다 하나님을 알고, 사랑하고, 높이고, 찬양하는 데 집중해야 한다. 성도들 전체가 그렇게 되면 얼마나 좋겠는가! 어디서나 하나님이 영광 받으시는 모습을 보고 싶었다. 하나님은 언제 어디서나 높임 받기를 원하시기 때문이다.

비전은 모든 영역에 영향을 미친다. 본시 비전의 역할이 그렇다. 수많은 이들이 모이고 누구든 따뜻하게 환영받는 분위기를 느낄 만한 커다란 공간을 마련하는 데 교회의 시선이 가 있다면, 거기에 맞춰 계획을 잡게 마련이다.

그럼 성도들이 차를 몰고 와서 편안하게 주차할 공간을 확보하는 게 중요해진다. 로비에 서서 이야기를 나누며 마실 만한 차를 끓여 낸다. 재미있는 놀이로 아이들의 마음을 사로잡는 한편, 어른들에게는 멋진 쇼를 보여 준다. 지루해지지 않도록 적절한 시간에 예배를 마쳐서 즐거운 기분으로 돌아가게 배려한다. 이른바 상식적인 그리스도인 소비자를 움직여 온 이런 부류의 비전들이 오늘날 사방에서 복제를 거듭하며 번창한다. 군중이 모여드는 것과 동시에 비전은 화려하게 실현된다.

그러나 비전이 달라진다면 어떻게 되겠는가? 성도들에게 안락한 환경을 만들어 주는 게 아니라 하나님을 지극히 높이는 걸 지상 목표로 삼는다면 무슨 일이 벌어질까?

우선순위가 급격히 달라지기 시작할 것이다. 인간이 만들어 낸 물건과 물질에 감동하길 바라는 게 아니라, 사람으로서는 도저히 그 깊이를 가늠할 수 없는 하나님으로 말미암아 놀라고 감격하기를 기대할 것이다. 인공적인 무언가로 성도들의 눈을 현혹하는 대신, 진정으로 주님을 찬양하도록 이끌 것이다. 푹신한 의자에 느긋이 기대앉아 따뜻한 차 한 잔을 홀짝거리다 대충 예배를 드리고 마는 그리스도인을 길러 내는 일만큼은 어떻게든 피하려 노력할 것이다.

하나님의 영광 앞에서 경외감에 사로잡히고 마음을 빼앗긴 나머지, 주님의 위대하심을 세상에 알리기 위해서라면 한 잔의 차

래디컬 투게더

는 물론이고 목숨까지도 기꺼이 포기할 수 있는 제자들을 낳을 것이다.

매력적인 하나님의 모습을 보여 주라

"차 한 잔 마시는 게 잘못인가?"라고 묻고 싶을지 모른다. "하나님을 모르는 이들에게 창의적으로 접근하는 걸 탓할 수는 없잖아요? 주님을 찾는 이들에게 민감해지라면서요?"

좋은 질문이다. 그리스도 없이 사는 이웃들을 생각할 때마다 되도록 많은 이들을 주께 인도하고픈 마음이 들게 마련이다. 그들이 구원받는 걸 볼 수 있다면 무슨 일이든 다 하는 게 당연하다.

하지만 반드시 기억해야 할 깜짝 놀랄 만한 사실이 있다. 성경은 "깨닫는 사람도 없고, 하나님을 찾는 사람도 없다"(롬 3:11, 새번역)라고 단언한다는 점이다. 교회는 주님을 찾는 이들에게 세심하게 신경을 쓴다는데 실제로는 아무도 하나님을 찾지 않는다면, 결국 교회는 아무에게도 민감하지 않다는 얘기가 된다. 급진적이지만, 우리가 기대하는 급진은 아니다.

예수님은 전혀 다른 말씀을 하신다. 아버지께서는 자기에게 예배하는 자들을 찾으신다는 것이다(요 4:23). 누군가를 찾는 이가 있다면 그건 바로 주님이다. 그분은 수천 년 동안 죄인들을 찾고 또 찾으셨으며 그 방면에서는 그야말로 탁월하시다. 지구상의 인간들이 다 나서서 유혹의 기술을 총동원한다 하더라도 하나님의 발뒤꿈치만큼도 따라갈 수 없다.

그러므로 수많은 사람들이 그리스도를 찾아 몰려드는 걸 보고 싶다면, 교회를 통해 하나님의 영광과 거룩하심, 진노와 정의, 온유와 열성, 은혜와 특별한 성품을 드러내는 게 상책이다. 주님을 찾는 이들을 보살피고 싶은가? 그렇다면 지극히 성경적이며, 거룩하고, 투명하며, 매력적이어서 믿지 않고는 견딜 수 없는 하나님의 모습을 보여 주라.

어느 주일 아침, 부모의 성화에 마지못해 교회를 찾았던 에릭(Eric)이 생각난다. 마약에 손을 댔다가 인생이 파탄나기 직전까지 몰렸던 친구였다. 낭떠러지를 향해 걸어가다가 그리스도인들이 모여서 하나님의 위대하심을 찬송하고 주님의 영광을 공부하는 자리에 끼어든 셈이었다. 고린도전서 14장에서 바울은 그리스도를 믿지 않는 이들이 그리스도인들이 예배드리는 모임에 참석하면 어떤 사태가 벌어지는지에 대해 말한다.

"모두에게 질책을 받고 심판을 받아서, 그 마음속에 숨은 일이 드러나게 됩니다. 그래서 그는 엎드려서 하나님께 경배하면서 '참으로 하나님께서 여러분 가운데 계십니다' 하고 환히 말할 것입니다"(고전 14:24-25, 새번역).

벼랑 끝에 섰던 젊은이에게는 그날이 곧 고린도전서 14장에 묘사된 사건이 일어난 날이었다. 무심코 예배당에 들어와 앉았다가 하나님의 위대하심에 사로잡힌 에릭은 자신의 삶에 임한 하나님의 은혜에 감격해서 울음을 터트렸다. 그 주일 아침, 죄인 하나가 구원을 받았다. 에릭이 하나님을 찾아서가 아니라 주님이 그를 찾았기에 일어난 극적인 사건이다.

그러므로 찾는 이에 민감해지자. 다만, 찾는 이가 누구인지 정확히 파악해야 한다.

거칠 것 없이 복음을 좇는 삶

만백성의 예배와 뭇 민족의 높임을 받으시기에 합당하신 하나님, 위엄과 권세가 넘치는 거룩하신 주님만큼 교회에 동기를 부여하는 요인은 다시없을 것이다. 오직 이런 비전만이 교회를 움직여서 위험을 무릅쓰고 죽음에 맞서 세상을 향한 하나님의 뜻에 급진적으로 순종하게 하는 힘의 원천이다.

믿음의 공동체들이 참으로 하나님을 모든 민족의 찬양을 받으실 만한 분으로 여긴다면, 교회에서 겸손하게 주님을 예배하는 데 그치지 않고 세상에 나가 다급한 목소리로 그분이 베푸시는 구원을 선포할 것이다.

아프리카 전역에 걸쳐 무려 3천 개나 되는 종족이 애니미즘의 포로가 돼서 수상쩍은 귀신과 잡신들을 섬기는 현실을 직시한다면, 현지로 달려가 유일무이한 신, 참되신 하나님의 영광을 드높이 드러낼 마음이 생긴다.

일본과 라오스, 베트남만 합쳐도 부처의 신앙과 관습을 따르는 인구가 3억5천만 명에 이른다는 사실을 알게 됐다면, 그런 나라들로 날아가서 그 어떤 존재도 따라올 수 없는 그리스도의 위대함을 알리고 싶어진다.

인도, 네팔, 방글라데시, 스리랑카 같은 나라에서 힌두교를 믿으며 말 그대로 오만가지 잡신을 추종하는 허다한 백성들을 기억한다면, 서둘러 찾아가 모든 신들 위에 뛰어나신 한 분 하나님을 소개할 뜻을 품게 된다.

공산주의 체제 아래서 무신론에 매어 사는 이들의 숫자가 십억을 웃돈다는 사실을 알게 되면, 중국과 쿠바, 북한 같은 나라에 들어가서 하나님은 엄연히 존재하시며 찬양을 받으셔야 할 분임을 전하고자 하는 소망을 갖게 된다.

그리스도인으로 살아가는 게 거의 불가능해 보일 정도로 척박한 지역에 십억 이상의 무슬림이 살고 있음을 의식한다면, 그 땅을 찾아가 꼭 필요할 경우, 목숨이라도 내놓을 의지에 불탈 것이다. 세상에서 안전하고 안락하게 살기보다 하나님의 영광을 모든 민족 위에 드러내고자 하는 열망이 더 크기 때문이다.

18세기 초, 독일을 무대로 활동했던 모라비안(Moravian, 18세기 보헤미아에서 등장한 복음주의자들)들을 생각해 보라. 윌리엄 캐리(William Carey)가 인도로 떠나거나 허드슨 테일러(Hudson Tayler)가

래디컬 투게더

중국에 발을 들여놓기도 전에, 이 형제자매들은 세계를 품는 하나님의 뜻을 실현할 마음을 품고 서쪽으로, 서쪽으로 뻗어 나갔다. 가혹한 값을 치러야 했지만 회피하지 않았다. 모라비안 성도 둘은 카리브 해 인근 지역에 복음을 전하기 위해 스스로 노예가 되었다. 둘이 탄 배가 세인트토머스를 향해 출항하는 순간, 동료들의 외침이 들렸다.

"죽임 당하신 어린 양은 그 고난을 덮는 상급을 받으시기에 합당하시도다!"

그리스도의 가치가 그 두 형제들로 하여금 목숨을 내놓고 세상으로 나가 복음의 증인이 되게 했던 것이다.

미얀마 선교의 기초를 닦은 미국 최고 선교사 아도니람 저드슨(Adoniram Judson)도 그랬다. 그는 예수님의 이름을 들어 보지 못한 이들 사이에 들어가서 구원의 기쁜 소식을 두루 알리는 데 일생을 바치도록 하나님이 자신을 부르셨다고 믿었다. 앤(Ann)이란 여성을 만나 사랑에 빠진 그는 연인의 아버지에게 결혼을 허락해 주길 요청하는 편지를 썼다.

여쭙고 싶습니다. 내년 초봄에 따님과 함께 떠나도 될까요? 이 세상에서는 더 이상 못 볼 텐데 괜찮으시겠어요? 출발하는 순간부터 온갖 어려움과 아픔이 뒤따르는 선교사의 삶을 살 겁니다. 허락해 주시겠습니까? 위태로운 파도를 헤쳐 나가야 하고, 남부 인도의 험한 기후에 몸이 상하고, 부족한 게 한두 가지가 아니고, 괴로운 일투성이고, 툭하면 욕을 얻어먹거나 수모를 당하고, 박해를 받거나 심하면 맞아 죽을 수도 있는데, 그래도 동의해 주시겠습니까? 이 모든 악조건에도 불구하고 하늘의 보좌를 버리고 따님과 어르신 대신 돌아가신 분을 위해, 영원히 멸망당할 영혼들을 위해, 시온을 위해, 그리고 하나님의 영광을 위해 저를 받아 주시겠습니까? 이런 난관들을 무릅쓰고, 영광스러운 하나님 나라에서 의의 면류관을 쓰고, 따님을 통해 영원한 고통과 절망에서 구원받은 이교도들이 구세주를 드높이는 찬양을 우렁차게 부르는 가운데 다함께 다시 만날 소망을 품고 이 결혼을 인정해 주시겠습니까?"[13]

저드슨이 예비 장인에게 보낸 간절한 호소의 이면에는 먼 나라들에서 영광을 받으실 하나님을 그리며 바라보는 시각이 자리 잡고 있었다. 앤의 아버지는 혼인을 허락했고 결국 딸을 잃어버리는 뼈아픈 대가를 지불했다.

38년간 선교지에서 일하면서 아도니람 저드슨은 두 번이나 아내를 떠나보냈으며 일곱 자녀를 어린 나이에 잃었다. 하지만 현재 불교 국가 미얀마의 심장부에는 4천 개에 가까운 침례교회와

50만 명 이상의 그리스도인들이 살고 있다. 아도니람 저드슨과 앤 저드슨은 하나님을 경배하기 위해서라면 목숨을 걸어 볼 가치가 있다고 믿었다. 이처럼 뜨거운 열정을 품고 주님을 예배하는 교회는 필연적으로 저드슨과 같은 부류의 인물들을 세상 구석구석으로 파송하게 되어 있다.

지금 목회하는 교회에도 비슷한 인물들이 수두룩하다.

사역 환경과 조건이 험하기로 첫손에 꼽히는 서아프리카와 중동 지역으로 파송한 독신 여성들이 생각난다. 제나(Jana)라는 아가씨는 최근 성도들 앞에서 이렇게 간증했다.

"하나님은 저를 포함해 그 누구도 멸망당하게 내버려두지 않으십니다. 모든 민족이 주님을 알게 되기를 원하십니다. 그래서 저는 그곳에 가려고 합니다."

온 가족이 해외로 나간 경우도 있었다. 조셉(Joshep)이라는 의사는 아내와 두 아이를 데리고 영적 신체적 기근이 심각한 국가로 이주했다. 얼마 전에 그가 보낸 편지의 한 대목이다.

증세가 심각한 환자는 2명인데 중환자실에 빈 침상은 하나뿐인 경우를 자주 만납니다. 선택받지 못한 환자는 치명적인 타격을 입을 가능성이 높습니다. 며칠 전, 방안 가득 들어찬 보호자들과 테이블을 사이에 두고 마주앉아서 환자, 그러니까 그이들의 사랑하는 식구(갓난아이를 포함해서 자녀 10명의 엄마였습니다)가 살아서 집

에 돌아가지 못하리라는 소식을 전해야 했습니다. 날이면 날마다
속 시원한 대답을 줄 수 없는 곤란한 질문을 받습니다. 전공하지
않은 분야에서도 환자의 삶과 죽음을 가르는 역할을 해야 합니다.
아내와 아이들은 사회적인 고립과 잦은 이별, 멀리 있는 가족과
친구들에 대한 그리움과 씨름합니다. 아무도 이곳 생활이 쉬울 거
라고 얘기하지 않았습니다. 누구도 하나님을 따르는 길이 평탄할
거라고 말하지 않습니다. 저도 그러리라고 기대하지 않았고 실제
로도 그렇습니다.

조셉의 글은 계속된다.

이곳 사람들이 원하는 인물은 한편이 되어 무거운 짐을 나누어 지
고 두려움을 알아주는 누군가입니다. 사망의 음침한 골짜기로 내
려가지 않으면, 이분들에게 하나님의 사랑을 보여 줄 도리가 없습
니다. 그리고 그게 바로 주님이 우리를 위해 하신 일입니다. 저로
서는 하나님이 신실하게 약속을 지키시며 감당치 못할 일을 맡기
지 않으신다는 사실을 변함없이 믿고 의지하려 합니다.

브랜든(Brandon)과 리디아(Lydia)도 생각난다. 지상에서 가장 위
험한 지역 가운데 하나로 꼽히는 국가에 파송할 인물을 찾다가
얼마 전에 이 젊은 부부를 만나 인터뷰를 하게 됐다. 면접에 참여

래디컬 투게더

한 목회자 하나가 아내 쪽에게 물었다.

"두 분을 기다리는 온갖 어려움들을 헤쳐 나갈 준비가 되어 있습니까? 확실한가요?"

찬물을 끼얹은 듯, 방 안에 무거운 침묵이 내려앉았다. 귀한 자매가 조곤조곤 대답했다.

"하나님의 말씀에는 거짓이 없다고 믿습니다. 복음은 핍박과 고난을 뚫고 나간다고 성경은 가르칩니다. 그렇다면 저는 얼마든지 받아들일 수 있습니다."

하나님 말씀을 의지해서 주께 예배하는 삶을 드리고자 하는 이들의 걸음은 누구도, 그 무엇도 막을 수 없다.

'기도'로 한결같이 하나님께 기대어

세상을 향한 하나님의 뜻을 이뤄 가도록 하나님의 백성들을 북돋우려면 교회 안에서 끊임없이 간구하는 움직임이 있어야 한다. 기도야말로 인간의 자아가 소멸되었음을 인정하고 하나님의 자기중심성을 확인하는 주요한 증거들 가운데 하나이기 때문이다.

자아에 의지해 사는 게 아님을 깊이 인식한 그리스도인은 제 힘으로는 하나님의 뜻을 성취할 수 없다는 사실을 절감한다. 결국 기도를 통해 주께 기대고자 하는 마음을 표현하기에 이르고, 하나님은 거룩한 목적을 이루는 데 필요한 것들을 기꺼이 허락하

서서 그분의 영광을 드러내신다. 간절한 호소를 들으신 주님은 스스로 높임을 받으실 수 있는 방식으로 은혜를 베푸신다.

자아를 내려놓고 자기중심적인 하나님을 섬기는 그리스도인에게 기도는 타협의 여지가 없을 만큼 가장 높은 우선순위에 놓인다.

사도행전에 기록된 초대교회 이야기를 읽어 보면, 성도들이 기도를 부수적인 무엇이 아니라 핵심으로 여겼음을 알 수 있다. 누가는 세 번이나 온 교회가 오로지 기도에 힘썼다는 이야기를 하고 있다(행 1:14, 2:42, 6:4). 1세기 그리스도인들은 하나님의 능력에 전적으로 의지했다.

사도행전에 따르면, 교회가 굵직굵직한 어려움들을 돌파해 나갈 수 있었던 건 대부분 기도의 직접적인 결과였다.[14] 하나님은 복음을 확산시키고 그분의 영광을 선포하기 위해 거룩한 백성들의 기도에 맞추어 강력하게 역사하셨다.

기도할 때마다 "사람들은 모두 큰 은혜를 받았다"(행 4:33)고 누가는 말한다. 사도행전을 읽는 독자들은 하나님의 은혜가 주님의 자녀들에게 언제 어디서나 강력하게 역사하시는 장면을 곳곳에서 볼 수 있다(행 6:8; 11:23; 13:43; 14:3, 26; 15:11, 40; 18:27; 20:24, 32). 복음의 메시지가 널리 퍼져 나가게 된 건 인간의 혁신 때문이 아니라 하나님의 개입 덕분이다.

초대교회 그리스도인들은 세상을 향한 하나님의 뜻을 이루는 데 기도가 필수적이라는 사실을 잘 알고 있었다. 교회의 통상적인 관습을 따르는 건 기도의 핵심이 아니다. 그럼에도 불구하고 단조롭고 자기중심적인 신앙 행위를 기도로 여기는 그리스도인이 허다한 게 오늘의 현실이다.

모든 민족으로 제자를 삼길 원한다면 하나님께 간구하길 잊어서는 안 된다. 자신을 희생하고 가진 걸 다 쏟아부어 가며 예수님이 어떤 분이신지 모르는 수많은 이웃들과 나라 밖에 사는 수십 억 인구들의 영혼을 두고 벌이는 치열한 전투에 나서는 이들은 누가 시키지 않아도 주님 앞에 무릎을 꿇을 수밖에 없다.

난생처음 수단을 여행했던 기억이 난다. 남부 수단 지역은 핍박과 전쟁이 이미 일상이 된 상황이어서 그 어느 때보다 위험하고 고달픈 여정이었다. 아내와 내게는 현지에 갈 수 있을지를 두고 기도하는 일 자체가 도전이었지만 떠나는 게 하나님의 뜻임을 확신했다.

다른 팀 멤버들과 함께 케냐에 도착해서 이틀을 머물며 수단으로 들어갈 순간을 기다렸다. 수단으로 날아가기 바로 전날, 여행팀을 주도적으로 꾸렸던 친구가 멤버들을 한 자리에 불러 모으고 말했다.

"그동안 몰랐던 새로운 위험 요소가 생겼어요. 내일 아침에는 길을 나서야 하므로 지금 그 문제에 관해 의견을 나누는 게 좋겠습니다.”

다들 입을 다물고 귀를 쫑긋 세웠다.

“방문할 마을에서 폭격이나 습격을 당할 가능성이 있다는 소리
는 들었을 겁니다. 거기다가 한 가지 더, 뱀의 피해를 입을 수 있
음을 알려 드립니다.”

솔직히 말하자면, 뱀은 내 취향이 아니다.

“세계에서 가장 무서운 독사들 가운데 대다수가 수단에 산다는
점을 기억해 두세요.”

이야기는 계속됐다. 그린맘바와 블랙맘바를 비롯해 온갖 징그
러운 이름들을 열거하면서 한 번 물리면 얼마나 치명적인 타격을
입는지 설명했다. 그리곤 농담 반 진담 반으로 한 마디 덧붙였다.

“해독제를 가져가기는 합니다만, 이런 뱀한테는 통하지 않습니
다. 그러니까 물렸다 싶으면, 기도부터 하시고 무슨 일이 일어나
는지 그냥 지켜보는 게 좋겠습니다.”

갑자기 생각이 많아졌다. 처음에는 수단으로 보내려고 하셨을
지라도 지금은 혹시 케냐에 남길 원하시는 게 아닌지 묻고 또 물
었다.

친구의 말을 들으면 들을수록 그 가능성에 무게를 두고 싶은
마음이 점점 커졌다.

“작년에 한 농부가 소 떼를 몰고 정글로 통하는 길을 걷고 있었
답니다. 나뭇가지 위에 숨어 있던 초록색의 그린맘바 한 마리가

래디컬 투게더

갑자기 뛰어내리면서 소 두 마리를 물었는데, 둘 다 몇 분 만에 숨이 끊어졌대요."

소름이 쫙 끼치면서 온몸이 얼어붙는 느낌이었다. 잠시 후, 친구는 다들 푹 자고 내일 아침에 늦지 않게 준비해서 만나자는 인사로 모임을 마무리 지었다.

그래, 그래야지!

잠을 자고 싶었지만 눈만 감았다 하면 뱀이 어른거리는 바람에 견딜 수가 없었다. 억지로 잠을 청하는 대신 일어나 앉아서 시편 91편 13절을 암송했다.

네가 사자와 독사를 밟으며 젊은 사자와 뱀을 발로 누르리로다.

딱 한 가지 물건만 가지고 독사가 득실대는 수단 정글에 들어가야 한다면, 성경책을 들고 가야겠다고 생각했다.

다음 날 아침, 조그마한 비행기에 몸을 싣고 몇 시간을 비행한 끝에 수단 중부 지역의 어느 가설 활주로에 착륙했다. 다들 짐 보따리를 들고 강 쪽으로 이동했다. 물 밑에는 악어가 우글거린다고 했다. '메이플라워 호'(Mayflower)의 패러디였을까? 수단인 뱃사공이 배 옆구리에 붙여 놓은 이름이 익살스러웠다. '뜨기만 해도 다행 호(Mayfloat),'

피식 웃음이 나왔다.

그렇게 해서 일행은 뜨기만 해도 다행 호를 타고 악어가 버글 대는 강을 건너 반대편에서 기다리던 지프에 올랐다. 이것저것 실을 게 많아서 일부는 차 안에 타지 못하고 지붕에 앉아 가야 했다. 친구가 자원자를 찾았다. 아무 생각 없이 손을 번쩍 들어 보이곤 곧바로 지붕으로 기어 올라갔다.

이동이 시작됐다. 고개를 들면 보이는 게 나무들뿐이었다. 불현듯 어제저녁에 들었던 그린맘바 이야기가 생각났다. 극도의 공포감이 엄습했다. 소를 물어 죽였다는 뱀이 내 위로 철썩 떨어지면 어떡하지?

피할 데도 없고 피할 방법도 없었다. 그래서 사용 가능한 마지막 비책을 꺼내 들었다. 나무를 지나칠 때마다 거기에 숨었을지도 모르는 뱀들을 떠올리며 중얼거렸다.

"네가 사자와 독사를 밟으며 젊은 사자와 뱀을 발로 누르리로다! 네가 코브라를 발로 누르리로다!"

여행 내내 비슷한 상황이 이어졌다. 어디를 가든지 사방을 두리번거리며 경계를 늦추지 않았다. 잠자리에 들 때마다 내일 아침에도 눈을 뜨게 해 주시길 기도했다. 날이 밝으면 밤을 무사히 보내게 하신 주께 감사를 드렸다. 모퉁이를 돌 때마다, 들판을 지날 때마다, 아니 매 순간, 근처에 뱀이 있지 않나 살피고 물리지 않게 해 주시길 간구했다. 언제 어디서든 주님이 필요했다. 끊임없이 그분을 의지하고 절박하게 매달리며 생활했다.

개인적으로 그리스도인은 이렇게 살아야 마땅하며 교회 역시 그 길을 좇아야 한다고 굳게 믿는다. 솔직해질 필요가 있다. 교회가 일상적이고 통상적인 신앙 활동에 만족하고 성도들이 그 어떤 위험 부담도, 희생도, 포기도 없이 허울뿐인 예배를 드리는 데 그친다면, 너나없이 제 힘으로 문제를 해결하려 들게 뻔하다.

하지만 스스로 이룰 수 있는 것보다 훨씬 더 크고 위대한 일에 자신을 드린다면 어떻게 되겠는가? 하나님이 그리스도인의 삶과 교회를 저마다 독특하게 사용하셔서 하나님 나라를 땅 끝까지 확장하길 원하신다는 사실을 받아들이고 확실히 믿는다면 어떤 일이 벌어지겠는가? 거룩한 뜻에 헌신하는 삶을 살아가면서 굽이굽이마다, 순간순간마다 주님의 권능에 기대며 그분의 은혜를 절박한 심정으로 갈구할 것이다.

하나님께 쉴 틈을 드리지 않는 그리스도인

개인적으로는 2년 전까지만 해도 삶은 물론, 목회하는 교회에서도 기도를 본질이 아니라 곁가지로 여겼다. 그러다 스스로 묻기 시작했다. 누군가 밖에서 브룩힐즈교회를 관찰한다면, 성령님을 갈구하는 모습을 보게 될까? 안타깝지만, 아무리 좋게 봐 줘도 그럴 것 같지는 않았다. 그래서 성도들을 불러 모으고 함께 금식하며 기도했다. 지금은 1년에 네 차례, 분기마다 한 번씩 주일을 택해서 종일 음식을 멀리하고 전념하여 하나님께 기도한다.

국내외 많은 교회들이 우리보다 더 열심히, 더 자주 끼니를 거르며 기도하는 걸로 알고 있다.

어느 주일, 케냐에서 온 형제자매들을 예배에 초대했는데 때마침 금식하는 주일이었다. 다음날 금식을 끝내고 일행과 점심을 먹었는데, 온 교회가 정기적으로 금식하며 기도하는 모임을 갖느냐는 질문을 받았다. 내가 대답했다.

"이제 막 그러기 시작한 참입니다. 대다수는 난생처음 하는 일일 거예요. 하지만 하나씩 배워 가고 있습니다. 앞으로 공부를 많이 해야겠죠."

이어서 물어보았다.

"여러분들은 어떠세요? 교회에서 시간을 정해 놓고 금식하는 편인가요?"

웬일인지 한동안 다들 말이 없었다. 상대가 먼저 대답해 주길 바라는 듯, 서로 얼굴만 쳐다보았다. 마침내 새뮤얼(Samuel)이란 형제가 입을 열었다.

"저희 교회에서는 해마다 연초에 한 달씩 금식합니다."

하루든 한 달이든, 금식은 하나님을 향한 허기를 공동으로 표출한다는 점에서 교회에 대단히 유익하다.

이사야 선지자가 이스라엘 백성에게 선포한 하나님 말씀이 브룩힐즈교회 성도들이 함께 금식하는 관행의 토대가 되었다.

래디컬 투게더

예루살렘이여 내가 너의 성벽 위에 파수꾼을 세우고 그들로 하여 금 주야로 계속 잠잠하지 않게 하였느니라. 너희 여호와로 기억하시게 하는 자들아 너희는 쉬지 말며 또 여호와께서 예루살렘을 세워 세상에서 찬송을 받게 하시기까지 그로 쉬지 못하시게 하라(사 62:6-7).

개인적으로는 "그로 쉬지 못하시게 하라"는 마지막 구절을 무척 좋아한다. 기도하며 보채는 통에 좀처럼 하나님으로 쉬지 못하시게 하는 그리스도인들 틈에 속하고 싶다. 삶에 필요한 하나님의 말씀과 교회에 역사하시는 하나님의 권능, 모든 민족 위에 드러나는 하나님의 영광에 목말라하며 주님을 그냥 내버려 두지 않고 밤낮없이 부르짖는 그리스도인들 사이에 끼고 싶다.

초대교회에 나타났던 하나님의 권능과 임재를 맛볼 때까지 하나님을 쉬지 못하게 하고 싶다. 사도행전의 교회에서는 한 번 설교에 3천 명이 사무치도록 죄를 뉘우치고 새 삶을 찾았다. 주님은 구원받는 이들의 숫자가 나날이 늘어나게 하셨다. 다리를 못 쓰던 장애인들이 일어나 걷고, 앞을 보지 못하던 사람들이 시력을 되찾았다. 수많은 이들이 온갖 희생을 무릅쓰고 그리스도께 나왔으며 쉴 새 없이 복음을 선포했다. 하나님은 제자들 몇을 뽑아서 멀리 떨어진 광야로 보내셔서 예수님이 어떤 분인지 궁금해하거나 의심하는 이들과 이야기하게 하셨다. 주님의 가르침을 따

6 하나님 영광이 아니면 초개같이 버려라

르는 제자들이 폭발적으로 늘어났으며 복음은 들불처럼 맹렬하게 퍼져 나갔다. 하나님이 주도하시는 그런 역사에 동참하고 싶다. 여러분은 어떤가?

마치 소나기가 쏟아지듯, 아무도 예상할 수 없는 방식으로 하나님의 권능이 교회 위에 내리는 걸 보고 싶은가? 하나님의 정의가 교회를 통해 회복되어 어디서나 만날 수 있는 가난하고, 병들고, 굶주리고, 고통받는 이들이 외면당하지 않는 세상을 보고 싶은가? 하나님이 멀고도 험한 인생길을 걷는 죄인들을 사랑으로 구원하시며 "각 나라와 족속과 백성과 방언에서 아무도 능히 셀 수 없는 큰 무리"를 대속하시는 걸 보고 싶은가? 그렇다면 찬양과 고백, 간구로 하나님을 쉬지 못하시게 하자. 그리고 주님이 어떻게 교회에 속한 거룩한 백성들을 일으키셔서 그분의 뜻을 세상에 펼치시는지 지켜보자.

하나님에겐 도움이 필요 없다

그리스도인들은 자아를 내려놓고 자기중심적인 하나님을 따라가는 제자들이다. 오직 하나님의 영광을 위해 존재하며, 주님 또한 주의 영광을 위해 존재할 따름이다. 온 교회가 하나 되어 그리스도께 급진적으로 순종하는 비결은 너나없이 자신을 겸손히 낮추고 하나님을 높이는 마음가짐에 있다. 오로지 주님을 위해 살며 그분 없이는 존재하지 못하는 처절하리만치 무기력한 하나님의 자녀로 자신을 파악할 수 있어야 한다. 그래야 비로소 세상을 향한 거룩한 목표, 즉 땅 끝까지 복음을 선포하며 영광을 드러내고자 하시는 뜻을 이루기 위해 가진 걸 다 쏟아부을 의지가 생기기 때문이다.

그다지 드러내고 싶지 않은 부끄러운 이야기로 이야기를 마치려 한다.

여러 해 전, 아직도 수많은 이들이 복음을 듣지 못한 채 살아가는 동아시아 지역을 두루 여행하면서 복음이 적힌 문서들을 은밀하게 배포한 적이 있었다. 여정이 계속되면서 주민들이 몇 대에 걸쳐 예수를 만나지 못한 까닭을 알 수 있을 것만 같았다. 너무도 외진 곳이어서 복음이 들어가기가 물리적으로 어려웠다. 몇 시간씩 산을 타고 물을 건넌 뒤에야 깎아지른 절벽 틈바구니에 자리 잡은 조그만 마을에 들어갈 수 있었다. 멀고도, 고달프고도, 위험한 여행이었다.

어느 날 저녁, 아직 빛이 남았을 때 캠프를 차리려고 걸음을 멈췄다. 일행을 남겨 둔 채, 앞으로 가로질러야 할 지형을 살피러 산꼭대기로 기어 올라갔다. 적절한 자리에 이르자, 바위에 걸터앉아 눈앞에 펼쳐진 풍경을 굽어보았다. 이런 골짜기에 사는 종

183

족들에게 복음을 전하느라 별의 별 일을 다 겪어 가며 고생이 많다는 생각이 들었다. '여기까지 팀을 이끌고 들어오다니, 하나님도 참 기뻐하실 거야!'

때마침 토저(A. W. Tozer)가 쓴 「하나님을 바로 알라」(*The Knowledge of the Holy*)을 들고 있었다. 무심코 '하나님의 자기 충족성'이란 제목이 붙은 부분을 펼쳤다. 이런 대목이 첫눈에 들어왔다.

전능하신 하나님(이유를 따질 것 없이, 주님은 그저 전능하시다)은 누구의 도움도 필요 없다. 인간의 환심을 사려고 초조하게 아양을 떠는 하나님의 이미지는 불쾌하기 짝이 없지만, 유감스럽게도 주님에 관한 대중의 관념은 딱 그 수준이다. 20세기 기독교는 하나님을 불쌍히 여기고 있다. 현대인들은 더할 나위 없이 교만해진 나머지, 자신이 주께 꼭 필요하다는 의식에 쉬(유쾌하다는 얘기가 아니다) 사로잡힌다. …

태생적으로 자기중심적인 인간이 받아들이기에 가장 힘든 생각은 하나님에겐 인간의 도움이 필요치 않다는 사고일 것이다. 흔히들 하나님을 세상에 평화와 구원을 베푸시는 자비로운 계획을 실행하기 위해 다급하게 도움을 청하는 분주하고 열성이 넘치지만 당황해서 어쩔 줄 모르는 분쯤으로 여긴다. …

선교사들의 호소를 들어 보면 태반이 이처럼 '좌절한 전능자'라는 터무니없는 하나님 의식에 기반을 두고 있다. 언변 좋은 선교

래디컬 투게더

사들일수록 청중들의 마음을 수월하게 움직여서 그리스도를 모르는 현지인들뿐만 아니라 하나님마저 동정하게 만든다. 저들을 구원하시려고 정말 오랫동안 애썼음에도 불구하고 기력이 다해 도움을 요청하는 존재로 전락시키는 것이다. 나로서는 그런 식의 이야기를 듣고 수많은 젊은이들이 '인류를 사랑하는 마음으로 뛰어들었다가 힘에 부쳐서 오도 가도 못하게 된 가련한 하나님을 골치 아픈 상황에서 건져 내는' 작업을 도울 셈으로 선교나 봉사 단체의 문을 두드릴까 봐 두렵고 걱정스럽다. 여기다가 얼마쯤 고상한 이상주의와 소외 계층을 향한 풍부한 동정심을 보태면, 오늘날 기독교의 이름으로 벌어지는 활동들을 뒷받침하는 동력의 실체가 드러난다.[15]

나처럼 교만한 심령이 하나님의 메시지를 더 또렷이 듣는 방법은 단 하나, 주님이 알아듣기 쉽게 말씀해 주시는 길뿐이다.

독립적이며, 자립적이고, 자족적이신 하나님 앞에서 한없이 낮아진 나는 깨달았다.

하나님에게는 내가 필요 없다.

하나님에게는 내 교회가 필요 없다.

하나님에게는 여러분이 필요 없다.

하나님에게는 여러분의 교회가 필요 없다.

하나님에게는 온갖 집회와, 대회와, 계획과, 프로그램과, 예산과, 건물들과, 선교 단체가 필요 없다.

여러분과 나, 여러분의 교회와 우리 교회, 인간이 세우고 창안한 모든 구조와 물질들은 순식간에 사라질 수 있지만, 설령 그럴지라도 하나님만은 여전히 남아 그분 자신을 위해 모든 민족 위에 그 이름을 드높이실 수 있다. 이것이 현실이고 진실이다.

하나님은 도움이 필요해서 세상을 향한 광대한 목표를 이루는 일에 그리스도인들을 끌어들이시는 게 아니다. 자녀들을 너무도 사랑하시기에 그저 동참할 기회를 주실 따름이다.

덕분에 하나님의 복음을 마음에 품고, 이른바 교회라는 주님의 선물을 들고, 서로 힘을 모아 거룩한 영광의 빛을 땅 끝까지 비추는 일에 열심을 내 보자는 너그럽고 은혜로운 초대장을 쥔 채 지금 여기에 앉아 있는 것이다.

자아를 내려놓고 자기중심적인 하나님을 따라가는 제자인가? 그렇다면 이제 자리에서 일어나, 온 천하가 하나님을 찬양하는 모습을 보는 걸로 가장 큰 상급을 삼는 그리스도인답게 나가서 살고 또 죽자.

래디컬 투게더

래디컬 순종으로 사는
짜릿한 경험을 놓치지 말라

어떻게 하면 교회에 속한 그리스도인들을 성령님에 의지하여 말씀으로 북돋워서 세상에 나가 하나님의 영광을 드러내게 할 수 있을까?

오랫동안 이 질문을 붙잡고 씨름했다. 나는 물론이고 내가 섬기는 교회가 하나님의 백성들을 움직여서 주님의 뜻을 이루는 사역에 헌신하기를 간절히 소망한다. 통상적인 교회 활동에 분주해서 세상을 무대로 그리스도의 명령에 극단적으로 순종하는 짜릿한 경험을 놓치고 싶지 않다. 존재와 소유 전체를 드려서 온 천하를 향한 하나님의 뜻을 실현하는 가운데 거룩한 희열을 누리는 신앙 공동체의 성도가 되길 바란다.

'어디든 달려가겠습니다'

여러 해 전, 아내와 함께 구체적인 기도를 드리기로 결심했다. "주님의 복음과 영광을 땅 끝까지, 특히 예수의 이름을 들어 보지 못한 이들에게 알리기 위해서라면, 설령 목숨과 가족을 포기할지라도 그 명령에 순종하여 어디든 달려가겠습니다."

그 기도는 우리 부부에게 모든 걸 테이블 위에 올려놓는 결단이었다.

가끔, 궁금할 때가 있다. 그 기도를 들으신 하나님은 어째서 수많은 교회와 허다한 그리스도인들이 사는 앨라배마 주, 버밍엄의 한 교회를 택해 목회를 하도록 이끄셨을까? 나만 그런 생각을 하는 건 아니었나 보다. 지난주에 「래디컬」의 내용을 마땅찮게 여기는 다른 교회의 목회자가 내게 말했다. "지금이라도 다른 나라에 나가 사신다면 기쁜 마음으로 후원할 용의가 있습니다만…."

언젠가는 주님이 해외로 인도하실지도 모른다. 교회 개척 팀을 세계 곳곳으로 파송하는 자리가 있으면, 아내와 나는 늘 떠나는 성도들 앞에서 아무 때고 하나님이 원하신다면 현재의 삶을 송두리째 바꾸셔도 상관없다고 기도한다.

하지만 지금 당장은 그 누구보다 지혜로우신 주님의 지시하심에 따라 브룩힐즈교회라는 더할 나위 없이 멋진 가족들의 담임목사로 사역하고 있다. 하나님은 좋은 일이기는 하지만 하나님 나라를 기준으로 볼 때 생산성이 형편없는 교회 활동에 매달려 시간을 낭비하도록, 이 공동체에 몸담은 훌륭한 남성과 여성 들을 설계하지 않으셨다. 그건 어느 교회나 다 마찬가지다. 오히려 창조주께서는 땅 끝까지 그분의 통치를 선포하고 거룩한 나라를 확장하는 긴급한 사명을 맡기셨다.

믿음의 가족으로서 우리는 어떻게 하면 힘을 모아 급진적인 삶을 살 수 있을지 끊임없이 실험한다. 브룩힐즈교회를 완벽한 본보기로 내세우려고 이 책을 쓴 건 아니다. 온전한 모델이 되려면 아직도 갈 길이 멀고 지금도 여전히 공사 중이기 때문이다. 브룩힐즈교회의 형제자매들은 세상에 하나님의 영광을 선명하게 드러내기 위해 삶을 나누고 드리는 가장 좋은 방법을 끈질기게 찾고 기다린다.

래디컬 실험에 동참한 교회들 이야기

어떤 교회든 저마다 독특한 방식으로 그리스도와 세상을 향한 주님의 목적에 순종하는 일들을 행하고 있다는 데는 의심의 여지가 없다. 꼭 「래디컬」에 소개한 다섯 단계에 걸친 '급진적인 실험'(www.radicalexperiment.org를 보라)에 참여하지 않는다 할지라도 그 비슷한 과정을 밟고 있을지도 모른다. 1년 동안 작정하고 기도하며, 하나님 말씀을 통독하고, 구체적인 목표를 세워 자원을 투자하고, 다른 환경과 조건 속에 들어가 살아 보고, 복음을 확산시키는 공동체에 삶을 드리는 연습을 하고 있으리라고 믿는다.

이 과정을 그 자체로 급진적이라고 볼 수 있을까? 더러는 그렇다고 얘기했고, 또 얼마쯤은 아니라고 답했다. 그렇지만 목표만큼은 누구에게나 공통이었다. 우리는 저마다의 삶과 교회를 밀고 끌어서 하나님이 말씀으로 심령을 빚어 거룩한 목적에 합당하게 만드실 수 있는 자리에 이르러야 한다.

급진적인 신앙을 택한 결과는 대단히 광범위했다. 수많은 형제자매들이 국내외의 위험 부담이 큰 지역으로 들어갔다. 어떤 그리스도인들은 개인적으로, 또는 교회 단위로 세상 자원들을 영원한 상급이 보장된 일에 투자했다. 선교지 엘살바도르의 교회든, 대도시 런던의 교회든, 미국 북부에서 갓 출범한 다민족 교회든, 150년 역사를 자랑하는 남부의 교회든 믿음의 공동체들은 그리스도께 온전히 굴복하고 순종하는 경험을 통해 더 깊은 기쁨과 만족을 누렸다.

예를 들어, '급진적인 실험'에 동참한 어느 교회는 다섯 가지 요소를 상황에 맞게 다듬어서 '하나님 나라를 위한 도전'이란 전략을 고안해 냈다. 강령을 그대로 옮기자면, "믿음의 성도들에게 자기를 부인하고 날마다 십자가를 지라는 그리스도의 명령에 순종하여 가진 걸 다 버려두고 주님을 좇아 그분 나라를 확장하는 데 헌신하도록" 도전하는 운동이다. "미전도 종족들을 위해 날마다 기도하며(눅 10:2), 예수님에 관해 전혀, 또는 제대로 들어보지

래디컬 투게더

못한 이들에게 복음을 전하고(행 1:8), 성경적인 세계관을 갖도록 훈련하며(마 28:19), 가난한 이들과 고아와 홀로된 이들의 영적 신체적 필요를 채우고(약 1:27), 치명적인 질병에 걸릴 위험이 높은 빈곤층 밀집 지역의 어린이들을 보살핀다(마 25:36, 40)"는 실행 방안도 마련했다.

자기를 부인하고 급진적으로 베푸는 삶을 살기로 선택한 뒤로 이들은 빈민촌 주택 건축 프로젝트, 이동주택 공동체 조성 사업, 약물중독자 재활 프로그램 따위를 통해 지역사회에 복음을 전하는 동시에 온몸으로 보여 주고 있다. 국제적으로는 극빈국의 교회들과 더불어 우물을 파 주고, 고아들을 돌보며, 선교 사역들을 후원하면서 예수님을 모르는 이들에게 구원의 기쁜 소식을 전해 가는 중이다. 그 교회의 한 성도는 이렇게 말한다.

"전능하신 하나님이 우리 안에서, 그리고 우리를 통해서 위대한 일을 이루실 줄 믿습니다. 신실하게 온 천하에 복음을 선포해서 마침내 모든 나라와 족속이 한데 어울려 하나님을 찬양하는 감격을 누리고 싶습니다."

믿음의 공동체들이 작정하고 기도하며 세계를 품고, 말씀을 좇아 살며, 저마다 가진 자원을 바치고, 이웃은 물론 예수님의 이름이 알려지지 않은 민족들 안에 복음을 심는다면 상상조차 할 수 없을 만큼 대단한 일들이 벌어질 것이다. 「래디컬」의 '급진적인 실험'을 그대로 가져다 쓰든 적절히 변형을 시키든, 비슷한 과정이 교회의 새로운 활동 원칙으로 자리 잡는다면 얼마나 놀라운 일들이 생기겠는가? 하나님의 백성들이 한마음이 되어 주님의 뜻을 이루는 데 헌신할 때 일어날 수 있는 역사는 그 끝을 가늠할 수 없을 만큼 엄청나다.

래디컬 순종으로 하나님만 높이라

어떤 이들은 말할지 모른다.

"가진 걸 팔고, 부모 없는 아이들을 입양하고, 라이프 스타일을 바꾸고, 해외로 나가라니 지나치게 극단적이잖아? 복음을 들고 모든 나라와 족속에게 가라는 소리에 너무 흥분한 게 틀림없어."

나로서는 "그게 뭐 어때서?"라고 되묻고 싶다. 땅 끝까지 그리스도의 메시지를 선포하라는 말을 듣고 가슴이 뛴다면 그 다음에는 어떻게 되겠는가? 어떤 상황이 올 것 같은가? 모든 민족에게 복음이 전해지면, 예수님이 다시 오신다. 그만하면 목숨을 걸 만하지 않은가?

자, 이쯤에서 '여는 글'에서 이야기했던 장면 속으로 되돌아가 보자. 물방울은 말씀을 통해 그리스도의 복음에 눈뜨고 하나님의 영광을 세상에 드러내고자 하는 열망을 가슴 가득 품은 그리스도인을 가리킨다. 산꼭대기에서 맹렬하게 흘러내린 물방울들은 한데 모여 교회를 이뤘다. 하나님의 원대한 계획에 따라, 인간이 상상하거나 성취할 수 있는 수준과는 비교할 수 없을 만큼 높고, 넓고, 고상한 목표를 이루는 공동체가 된 것이다.

그렇다면 이제, 주님의 얼굴을 뵙는 그날에 "각 나라와 족속과 백성과 방언을" 아우르는 공동체가 되어 하나님의 아름다운 은총을 영원히 누릴 순간을 고대하며, 급진적인 삶을 살아야 하지 않겠는가!

소그룹과 리더 모임을 위한
토론 자료 여섯 마당

「래디컬 투게더」를 읽으며 감동과 도전을 받았다면, 하나님을 섬기는 다른 그리스도인들과 더불어, 어떻게 하면 이 책에서 소개하는 여섯 가지 핵심 아이디어를 교회를 비롯한 사역 현장에 적용할지 나눠 보라.

목회자나 직원들끼리 그룹을 만들 수 있다. 교회의 리더들만으로 소그룹을 구성하는 것도 가능하다. 특별한 직분을 갖고 있지 않지만 하나님 나라에 힘을 보태고 싶은 이들이 머리를 맞대도 괜찮다. 어느 경우가 됐든 구성원들 모두가 교회라는 맥락에서 하나님의 백성들이 거룩한 뜻을 이뤄 가는 걸 두 눈으로 똑똑히 지켜보고자 하는 열망을 품는 게 중요하다.

여기에 소개하는 여섯 마당은 그룹원들끼리 의견을 주고받으며 어떤 일을 할 수 있을지 구체적으로 계획하도록 이끌어 줄 것이다. 함께 모일 때마다 다음 지침들을 명심하라.

- 자기 자신, 그리고 몸담고 있는 교회, 또는 사역 현장에 초점을 맞추라. 모임의 취지는 다른 이들을 비판하거나 간섭하는 게 아니다. 자신과 자신이 속한 공동체에게 하나님이 맡기신 영역에서 주님의 뜻을 더 잘 좇을 길을 찾아보자는 것이다. 변화를 추구하면서 주님이 주신 권위 구조를 벗어나지 말고 움직이라.
- 모임에 도움이 된다는 판단이 들면 이 자료를 마음대로 뜯어고치거나 조절해도 괜찮다. 소그룹 구성원들의 특성이나 당면 과제에 따라 서슴없이 질문을 덧붙이거나 빼 버리라. 하나님이 부탁하신 일을 이루어 가는 과정과 절차를 바꿔도 좋다.
- 하나님을 믿고 과감하게 나아가되, 자신의 실체를 기억하며 겸손한 자세를 가지라. 주님은 소그룹 하나하나를 위해 놀라운 일들을 준비해 놓으셨다. 선물을 받을 준비를 갖추라. 멤버들이 똑똑해서가 아니라 그분이 그렇게 인도하셨기 때문이라는 사실을 잊지 말라.

분명히 말하지만, 하나님의 뜻을 위해 소유와 존재를 단호하게 포기하는 게 저마다의 삶과 교회에 어떤 파장을 일으킬지 알 수 없다. 브룩힐즈교회에서 일어난 것과 얼마나 비슷한 역사가 어떻게 전개되는지 지속적으로 관찰하고 탐구해 갈 따름이다.

하지만 성령님은 언제나 선하시다. 주님은 인간의 능력을 초월하여 복음이 두루 확산되며 열방 중에 하나님의 영광이 명명백백하게 선포되길 원하신다. 따라서 틀림없이 앞길을 인도하며 가르침을 주실 것이다.

제각기 삶과 교회를 테이블 위에 올려놓고 뭇 백성들을 제자삼아 주님의 거룩한 이름을 만방에 알리는 일에 사용하시길 요청하라. 반드시 세심하고 정확하게 지도해 주실 것이다.

마지막으로 한 가지만 더 당부한다. 하나님께서 개인의 삶과 교회 가운데 흥미진진한 일들을 행하셨다면, www.radicaltogether.com을 통해 널리 나누면 좋겠다. 교회의 울타리 안에 있는 성도들과 어깨를 나란히 하고 서로 격려하며 세상에서 하나님의 뜻을 이뤄 가는 데 큰 힘이 될 것이다.

David Platt

우선순위 바로 세우기,
하나님 나라의 생산성을 기준으로

핵심 아이디어 교회에서 하는 '좋은' 일들이 바른 신앙을 위협하는 가장 무서운 적이 될 수 있다.

그리스도인들은 교회 프로그램에 열심히 참여하는 게 곧 하나님 나라의 비전을 실현하는 데 헌신하는 일이라는 자기기만에 빠지기 쉽다. 오늘날 그리스도인의 삶과 공동체의 내면을 들여다보면, 막대한 자원을 소모하고 큰 관심을 끌기는 하지만 실제로는 하나님 나라의 복음을 마음껏 누리거나 지역사회에 그 기쁜 소식을 널리 전파하는 데는 특별히 보탬이 되지 않는 좋은 일과 활동들이 수두룩하다. 하나님의 위대한 역사를 이루려면 교회 안에서 벌어지는 '좋은 일'들을 과감하게 정리할 필요가 있다.

말씀의 터

바울이 그리스도를 알고 따르는 일에 비하면 그밖에 모든 일들은 배설물로 여긴다고 고백하는 빌립보서 3장 4-16절을 읽으라. 사도의 시선은 레이저처럼 정확하게 한 점을 겨냥하고 있다.

"형제들아 나는 아직 내가 잡은 줄로 여기지 아니하고 오직 한 일 즉 뒤에 있는 것은 잊어버리고 앞에 있는 것을 잡으려고 푯대를 향하여 그리스도 예수 안에서 하나님이 위에서 부르신 부름의 상을 위하여 달려가노라"(빌 3:13-14).

이어서 사도행전 20장 22-24절을 읽으라. 여기서 바울은 땅 끝까지 복음을 전하는 한 가지 목표에 삶을 통째로 쏟아부었음을 고백한다. 그것이야말로 사도가 숨 쉬고 사는 유일한 이유였다.

여는 기도

소그룹 멤버들이 마치 레이저 광선처럼 그리스도와 세상을 향한 그분의 뜻에 집중하길 하나님께 간구하라. 눈을 열어 지금 진행 중인 사역을 돌아보고 개인적으로, 또는 교회가 가진 자원을 즐거운 마음으로 모두 하나님 앞에 내놓도록 도와 달라고 요청하라. 시간과 재물을 어디에 사용하길 원하시는지 알려 주시길 기도하라.

그룹 토의

서로 대화하면서 다음 질문들을 비롯해서 모임에 도움이 된다고 판단되는 문제의 답을 찾아보라. 교회의 사명 선언문이나 예산,

또는 비슷한 자료들을 함께 검토해도 좋다.

1. 교회(사역)의 구조와 활동 내용을 꼼꼼히 점검하라. 영적인 생산성이 떨어지는 신앙 활동을 시작하고 지속하게 만드는 요인은 무엇인가?

2. 프로그램, 행사, 관습, 전통, 시설 등 교회(사역)의 여러 영역 가운데 어떤 부분을 테이블 위에 꺼내 놓기가 가장 곤란한가? 그렇게 생각하는 이유는 무엇인가? 함께 신앙생활을 하는 다른 성도들은 이 질문에 어떤 답을 내놓으리라고 보는가?

3. 하나님이 그러신 것처럼, 참된 길을 찾지 못하고 헤매는 양들이나 가난한 이들을 볼 때마다 가슴이 뛴다면, 개인적인 생활방식을 어떻게 바꾸는 게 좋겠다고 생각하는가? 소그룹이 교회에서 펼치는 활동은 어떻게 달라져야 하는가?

4. 교회 생활을 되짚어 보라. '최선'이 아니라 그저 '좋은' 수준의 활동에 시간과 에너지, 자원을 쏟아붓고 있지 않은가? 어떤 분야인가? 최상의 삶과 리더십을 어떻게 알아볼 수 있는가?

5. 흠 많은 지금의 모습을 정리하고 새로이 교회(사역) 활동을 시작하려 한다면, 틀을 어떻게 짜야 하겠는가? 자원을 어떻게 재배치하고 싶은가? 목표를 어떻게 설정할 것인가?

래디컬 투게더

화이트보드나 커다란 종이를 걸어 놓고 다음 질문들에 대한 멤버
들의 답을 적어 보라.

- 하나님의 영광을 염두에 두고 더 위대한 일을 성취하려면 교회(사
  역)의 어떤 부분을 청산하거나 변경해야 하는가?
- 현재 교회(사역 현장)가 보유한 시간과 에너지, 자원들을 동원
  해서 하나님의 영광을 위해 할 수 있는 일에는 어떤 것들이 있
  는가?

소유와 존재 전체를 테이블 위에 올려놓는 걸 잊지 말라. 지금은
어떤 형태로든 아이디어의 좋고 나쁨을 가리지 말라. 그저 생각
나는 대로 이야기하고 기록해 두기만 하라.

실행 방안 : 머리에서 손발로

아이디어를 분류하는 작업부터 해 보자. 어떤 제안이 소그룹 멤
버들 사이에서 가장 큰 반향을 얻었는가? 어떤 아이디어를 출발
점으로 삼을 수 있겠는가? 교회에서 정책을 결정하는 위치에 있
지 않다면, 누구와 상의하는 게 좋겠는가? 어떤 방식으로 접근해
야 아이디어가 불러올 변화를 잘 전달하고 의견을 모으는 데 도

움이 되겠는가?

사람들이 변화를 반길 때는 자신에게 부담을 주지 않는 경우뿐이라는 점을 잊지 말라. 그러므로 시도하려는 변화가 영향권 안에 있는 이들에게 얼마나, 그리고 어떻게 최상의 결과를 가져올지 꼼꼼히 짚어 보라.

3-4단계 정도의 행동 지침을 마련하라. 누가, 언제, 어디서, 무얼 할지 결정하라. 추진 계획을 짜고 치밀하게 다듬으라.

닫는 기도

잊지 말라. 계획대로 돌아가게 해 주시길 요구하지 말고 하나님의 뜻이 이루어지는 과정을 돕게 해 주시길 간구해야 한다. 하나님이 맡기셨다고 믿는 일을 실천에 옮길 때마다 주님이 친히 임하셔서 그분께 영광이 되도록 이끌어 주시길 겸손하게 요청하라. 하나님의 마음을 더 잘 헤아리도록 지혜를 달라고 꾸준히 기도하라.

은혜와 행위의 관계를
정확하게 파악하라

핵심 아이디어 행위의 올무에서 인류를 구한 바로 그 복음이 또한 그리스도인을 일하게 한다.

제아무리 대단한 일을 해내도 하나님 앞에 서기에는 턱없이 모자란다. 그리스도는 믿고 따르는 이들에게 하나님께 의롭다 인정받는 특권을 제시하셨다. 값없이 주시는 선물을 받아들이기만 하면 주님은 거룩한 백성들을 준비시키고 능력을 주셔서 다양한 방법으로 섬기게 하신다.

결론적으로 말하자면, 하나님께 인정받을 욕심에 끊임없이 일만 하다가 그 무게에 눌려 지친 그리스도인으로 가득한 교회가 되지 않도록 조심해야 한다. 아울러 복음을 내세우면서도 삶으로 드러내는 데는 인색한 그리스도인들이 넘쳐 나는 교회가 되는 것 역시 바람직하지 않다.

말씀의 터

에베소서 2장 1-10절을 다 같이 소리 내어 읽으라. '행위'(9절)로 구원을 받을 수 없지만, '일'(10절)하는 건 인간을 지으실 때부터 하나님이 세워 두신 계획의 일부라는 사실에 주목하라. 아울러 야고보서 2장 14-26절을 읽으라. 인생에 베푸신 하나님의 은혜에 반응하여 선한 일을 하는 게 얼마나 중요한지 살펴보라. 행함이 없는 믿음은 죽은 믿음이다.

여는 기도

침묵 기도로 시작하라. 하나님이 주시는 은혜와 선한 일 가운데 어느 한 쪽의 가치를 낮춰 잡았던 잘못을 인정하고 고백하라. 소그룹 멤버 하나하나가 주님의 복음을 정확하게 이해하고 적용하도록 도와주시길 구하며 기도를 마무리 지으라.

그룹 토의

서로 대화하면서 다음 질문들을 비롯해서 모임에 도움이 된다고 판단되는 문제의 답을 찾아보라. 제2장 도입부에서 다룬 앤디와 애슐리의 사례를 되짚어 보는 걸로 시작하라.

1. 자신을 돌아보라. 어느 쪽에 가까운가? 앤디인가, 애슐리인가?

   • 앤디와 더 닮았다면, 믿음이 성장해서 삶 가운데(특히 어려운 처지에 있는 이들에게 사랑을 베푸는 일로) 열매를 맺으려면 어떤 단계를 밟아야 하겠는가?

   • 애슐리와 더 비슷하다면 어떻게 해야 하나님의 인정을 받기 위해 동분서주하지 않고 복음 안에서 내내 평안을 누릴 수 있겠는가?

2. 교회(또는 사역 현장)에서 만나는 앤디나 애슐리 같은 이들을 생각해 보라. 각 유형의 그리스도인들을 도와서 그리스도께 철저하게 순종하는 제자로 세우는 가장 좋은 방법은 무엇인가?

3. 복음을 정의해 보라. 그 복음이 삶에 어떤 영향을 주었는가? 다음 질문에 답해 보라.

   • 어떻게 해야 구원을 받을 수 있는가?

   • 어떻게 해야 거룩해질 수 있는가?

   • 구원받았음을 어떻게 확신할 수 있는가?

4. 죄책감이 사역의 동기가 되는 것을 어떻게 막을 수 있는가? 어떻게 하면 교회에서 복음이 사역의 이유이자 근거가 되게 만들 수 있는가?

5. 맡고 있는 사역을 떠올려 보라. 어떤 점에서 은혜와 행위의 균형이 무너졌다고 생각하는가?

6. 복음('행위의 올무에서 건져 내는' 동시에 '은혜를 입은 이들로 하여

금 일하게 하는')을 제대로 받아들인 그리스도인들은 어떤 유익
을 누리는가?

아이디어 브레인스토밍

복음의 가르침을 다시 한 번 확인하라. 그리스도인은 오직 은혜
에 힘입어 믿음으로 하나님 앞에 설 자격을 얻었다. 또한 그와 동
시에 하나님의 영광을 위해 가진 걸 다 쏟아서 선한 일을 추구한
다. 그러한 진리를 염두에 두고 소그룹 멤버들과 함께 다음 질문
에 대한 답을 찾아 정리해 보라.

- 교회(사역) 안에 자리 잡은 복음에 대한 오해를 바로잡으려면 구
  체적으로 어떤 행동을 취해야 하는가?
- 교회(사역) 안에 건전한 복음을 뿌리내리게 하려면 구체적으로
  어떤 행동을 취해야 하는가?

실행 방안 : 머리에서 손발로

아이디어 브레인스토밍에서 나온 의견들을 점검해 보라. 실천에
옮기고 싶은 제안이 있는가? 거기에 살을 붙여서 효과적인 실행
계획을 구성하라.

누군가를 정죄하려는 게 아님을 명심하라. 오직 하나님의 은혜 가운데 살며 자녀들의 삶을 위해 세워 두신 거룩한 계획을 이뤄 가기 위해 새로이 방향을 설정하고 과감히 발을 내딛는 데 목적이 있을 뿐이다. 복음에 나타난 하나님의 은혜를 성경적으로 완벽하게 이해하는 것이야말로 앤디와 애슐리 같은 스타일에서 벗어나는 가장 정확하고 빠른 길이다.

닫는 기도

하나님이 주님의 영광을 위해 저마다의 소그룹을 강력하게 사용하셔서 복음으로 교회를 완벽하게 다듬어 주시길 간구하라.

무슨 일이든 말씀을 딛고 서서

핵심 아이디어 인간이 아니라 말씀이 일한다.

제아무리 소리 높여 이러저러 해라, 이리저리 가라 해도 인간의 말은 아무 소용이 없다. 하나님 말씀의 권세가 교회 안에 선포되어야 비로소 거룩한 자녀들이 가진 잠재력이 세상에 표출되는 법이다.

세상에 하나님의 영광을 드러내고 싶다면 주님 말씀을 교회에서 전하는 모든 가르침의 핵심으로 삼아야 한다. 하나님이 스스로 설계하신 영원하고도 원대한 목표를 언젠가는 반드시 이루실 줄 믿고 그분 말씀을 신실하게 의지하며 결코 흔들리지 말라.

말씀의 터

하나님 앞에서 신실한 그리스도인이 되고 싶은가? 요한복음 15장 1-8절은 그 비결을 알려 준다. 그리스도와 그분의 가르침에 머무는 게 얼마나 중요한지 되풀이해 강조하는 대목에 집중하면

래디컬 투게더

서 본문을 읽으라. 개인이든 교회든, 온전한 하나님의 말씀을 붙들고 놓지 않는 것이 주님을 위해 풍성한 열매를 맺는 지름길이다.

여는 기도

성경 말씀이라는 소중한 선물을 주신 하나님께 다 같이 감사하는 기도를 드리라. 암송하는 말씀이 있다면 그 구절들을 활용하여 주께 간구하라. 하나님 말씀과 인간의 생각이 충돌하는 경우, 단호하게 성경의 가르침을 좇으라. 무슨 일로 하나님을 섬기든, 늘 말씀을 토대로 삼으라.

그룹 토의

서로 대화하면서 다음 질문들을 비롯해서 모임에 도움이 된다고 판단되는 문제의 답을 찾아보라. 성경을 옆에 두고 필요할 때마다 찾아 읽을 수 있게 하라.

1. 하나님 말씀 가운데 특별히 어떤 본문을 삶을 지탱하는 토대로 여기고 있는가? 교회(사역)의 경우는 어떠한가?
2. 어느 교회에서든, 하나님 말씀의 비중을 최소화하는 반면, 인간의 말을 최대한 증폭시키는 경우를 본 적 있는가? 지금 출석

하는 교회는 어떤 형편인가? 리더들은 어떤 자세를 보이는가?

3. 하나님 말씀을 권위의 근거로 삼는 게 하나님의 자녀들을 이끄는 리더십에 어떤 영향을 미친다고 생각하는가?

4. 어떻게 하면 하나님 말씀이 교회를 움직이게 할 수 있겠는가?

5. 하나님 말씀만으로도 충분하다고 믿는가? 개인적인 삶과 리더십을 통해 그러한 사실을 어떻게 드러내고 있는가? 그 진리를 입증해 보이기 위해 어떤 단계를 밟아 가야 한다고 믿는가?

6. 교회의 신학적인 성향은 성경의 가르침과 얼마나 조화를 이루는가? 방법론은 어떠한가?

아이디어 브레인스토밍

화이트보드나 커다란 종이를 붙여 놓고 가운데 수직선을 그어 면을 두 쪽으로 나누라. 왼쪽에는 '하나님이 말씀하신 일', 오른편에는 '하나님이 말씀하시지 않은 일'이라고 적으라. 각자 교회와 사역을 돌아보면서 하나님이 성경에 정확하게 명령하신 일들을 찾아서 왼편에 적으라. 오른쪽에는 주님의 말씀 가운데 직설적으로 드러나 있지 않은 사역들을 골라 기록하라.

성경을 통해 명확하게 명령하시지 않은 사역이라고 해서 꼭 나쁜 건 아니다. 하지만 제1장에서 이미 설명했지만, 좋을 사역들 가운데는 하나님이 최선으로 꼽는 일들을 감당하기 위해 포기해야

래디컬 투게더

할 것들도 적지 않다. 그리고 주님이 으뜸으로 치는 사역들은 죄다 성경에 확실히 기록되어 있다.

도표를 눈에 잘 보이는 자리에 그대로 두고, 다음 두 질문에 각각 답해 보라.

- 어떻게 하면 하나님이 직접 명령하지 않은 일들에 투입되는 시간을 줄이고 주님이 친히 지시하신 일들에 더 많은 자원을 쏟아 부을 수 있겠는가?
- 앞으로 교회에서 계획을 수립하고 전략을 짤 때 어떤 성경 말씀을 참고할 필요가 있다고 생각하는가?

실행 방안 : 머리에서 손발로

브레인스토밍 질문에 충분히 답해서 별다른 의견이 더 이상 나오지 않는다 싶으면, 실행에 옮길 만한 일들을 골라 내라. 그런 사역들을 추진하는 데 필요한 구체적인 계획을 세워 보라.

닫는 기도

하나님 말씀을 얼마나 신뢰하는지 주께 고백하라. 교회(사역)가 점점 더 성경의 가르침을 추구하도록 끌고 미는 데 온힘을 기울이라.

제자 삼기

핵심 아이디어 교회를 바로세우는 사역의 성패는 어리석고 실수가 많은 인간을 두루 활용하는 것에 달려 있다.

퍼포먼스와 공간, 프로그램, 전문가에 초점을 맞추는 교회가 얼마나 많은지 모른다. 그러나 이런 물질적인 자원들에 의존해서 복음을 전파하는 것에 그치면, 죽었다 깨나도 땅 끝에 이를 수 없다. 사람이라는 핵심 요소가 빠졌기 때문이다. 예수님은 뭇 백성들 사이에 복음이 폭발적으로 확산되도록 희생적이고, 의지적이며, 광범위한 노력을 기울이라고 명령하셨다.

모든 그리스도인에게 "제자를 삼으라"는 단순한 초대장을 보내셔서 이웃들과 그리스도의 생명을 나누는 일에 동참하게 하신 것이다. 온 교회가 이른바 '적임자'라고 입에 침이 마르도록 칭찬해 마지않는 특별한 인물들만 골라서 부르신 게 아니다. 영향력도 없고, 똑똑하지도 못하고, 이렇다 할 재주도 없어 보이는 소위 '부적격자'도 여기에 포함된다.

고린도전서 3장 16절에서 바울은 묻는다. "너희는 너희가 하나님의 성전인 것과 하나님의 성령이 너희 안에 계시는 것을 알지 못하느냐?" 서글프게도 오늘날 수많은 그리스도인들은 이 질문에 대해 "모릅니다"라고 답하고 있다. 신학적으로는 충분히 이해하지만 실제로 세상을 향한 하나님의 뜻을 이뤄 가기 위해 분투하는 교회와 사역 현장에서는 우리 속에 거하시는 성령님이 아닌, 다른 무언가에 의존하는 성향이 크다.

성경은 교회의 리더들에게 맡겨야 할 역할에 관해 어떤 입장을 보이는가? 지도자를 두는 이유는 "성도를 온전하게 하여 봉사의 일을 하게 하며 그리스도의 몸을 세우려" 하는 것이라고 확실하게 밝힌 에베소서 4장 11-16절을 읽고 묵상하라.

여는 기도

교회 지도자는 스타가 아니라 다른 이들을 준비시켜 사역에 뛰어들게 돕는 겸손한 조력자라는 사실을 마음에 선명하게 아로새기도록 은혜를 베풀어 주시길 다 같이 간구하라. 교회와 사역이 나날이 성숙해져서 구성원 하나하나가 더 광범위하고 뚜렷하게 그리스도의 진면목을 세상에 드러내게 하시길 기도하라.

그룹 토의

서로 대화하면서 다음 질문들을 비롯해서 모임에 도움이 된다고
판단되는 문제의 답을 찾아보라. 궁극적인 목표가 제자를 삼는
데 있음을 명심하라.

1. 교회(사역)는 어떻게 다음과 같은 자원에 기대는, 건강치 못한
   상태에 빠지게 되는가?
   - 퍼포먼스
   - 공간
   - 프로그램
   - 전문가

2. 비록 부족할지라도 성도 한 사람 한 사람이 빠짐없이 사역에
   동참한다면 교회가 어떻게 달라지겠는가?

3. 누군가를 그리스도께 인도하고 훈련해서 제자 낳는 제자로 성
   장시킨 경험이 있는가? 구체적으로 설명해 보라. 제자 삼는 과
   정에서 무얼 배웠는가?

4. 제자 삼는 사역에 가장 큰 우선순위를 두지 못하게 가로막는
   주요한 장애물들을 꼽아 보라. 개인적으로 어떤 문제들을 가지
   고 있는가? 어떻게 그 고비를 넘을 수 있는가?

5. 제자 삼는 사역에 가장 큰 우선순위를 두려고 할 때, 교회(사역)
   의 앞길을 가로막는 주요한 장애물들을 꼽아 보라. 어떻게 그

고비를 넘을 수 있는가?

6. 어떻게 하면 교회(사역)에서 제자 삼는 사역이 끝없이 이어지게
   만들 수 있는가?

아이디어 브레인스토밍

제자를 삼는 재생산 과정을 통해 복음을 편만케 하는 그리스도의
단순하면서도 급진적인 계획에 더 깊이 뛰어든다면, 교회(사역)의
모습이 어떻게 달라질지 잠시 마음에 그려 보라. 다음 질문을 중
심으로 소그룹 멤버들의 생각을 정리해 적어 보라.

- 어떻게 하면, 퍼포먼스에 의존하는 성향을 줄일 수 있는가? (다
  시 말하자면, '구경꾼'이 아니라 '주인공'의 마음가짐으로 교회와 사역
  을 대하게 만들 수 있는가?)

- 어떻게 하면, 공간에 더 적은 자원을 사용할 수 있는가? (더 큰
  예배당을 짓고, 더 넓은 공간을 확보하고, 사람이 아니라 건물에 막대
  한 재물을 소모하는 행태를 막을 수 있는 대안을 찾아보라.)

- 어떻게 하면, 프로그램에 초점을 맞추는 흐름을 바꿀 수 있는가?
  (프로그램을 만들어서 성도들에게 제시하는 게 아니라 구성원들에게
  동기를 부여해서 사역에 나서도록 교회 분위기를 전환할 수 있는 방법
  은 무엇인가?)

- 어떻게 하면, 전문가에게 덜 기대게 할 수 있는가? (리더들이 성도들을 준비시켜 사역에 참여토록 돕는 일에 초점을 맞추는 쪽으로 변화시킬 길을 탐색해 보라.)
- 교회(사역)의 제자 훈련 계획은 어떤 상태인가? (어떤 방식으로 시간과 하나님의 말씀, 그리고 복음을 이웃들과 나누고 있는가? 어떻게 그리스도 안에서 성장하게 돕고 있는가? 다시 다른 이들에게 삶을 투자하도록 어떻게, 어떤 준비를 시키고 있는가?)

실행 방안 : 머리에서 손발로

마지막 브레인스토밍 질문에 초점을 맞추라. 교회(사역)에서 추진할 만한 제자 훈련 계획을 잡아 보라. 어디서부터 시작하는 게 좋겠는가? 누구나 참여해야 한다는 사실을 잊지 말라.

닫는 기도

중심에 복음을 심어 주신 하나님께 감사하라. 스스로 제자 삼는 일꾼이 될 뿐만 아니라 다른 이들과 그 비전을 공유하는 사명을 다하도록 주님이 도와주시길 구하라.

복음을 들고 미전도 종족에게로

핵심 아이디어 그리스도인은 세상의 종말을 갈망하며 살아야 한다.

하나님은 예로부터 지금까지 그리스도인 한 사람 한 사람을 부르셔서 구석구석 온 세상을 누비며 복음을 널리 전파하는 사명을 맡기시고 거기에 삶을 바치라고 명령하신다. 모든 민족, 모든 족속, 모든 언어 그룹에 속한 이들이 이 복된 구원의 소식을 듣는 날, 인류 역사는 마침내 마침표를 찍을 것이다.

결국 예수님의 복음을 열정적으로 사랑하고 주님의 날이 임하길 인내하며 갈망하는 교회라면, 예수님을 모르는 백성들에게 그리스도의 영광을 드러내는 데 전념하며 살 것이다.

말씀의 터

소그룹 멤버 셋을 지명해서 다음 구절을 읽게 하라.

- 복음을 들고 모든 민족에게 가라는 명령(마 28:16-20).

- 모든 민족에게 복음이 전파되면 어떤 일이 일어날지 알려 주시는 약속(마 24:14).
- 약속이 영광스럽게 성취되리라는 비전(계 7:9-10).

삶의 목표로 삼을 만한 게 있는가? 무엇인가?

여는 기도

기도를 시작하기 전에 잠깐 시간을 내서 상상해 보라. 복음에 대해 한 번도 들어보지 못했다면, 지금 어떤 삶을 살고 있을 것 같은가? 묵상이 끝나고 나면 멤버들이 하나님의 사랑을 실감하게 해 주시길 구하라. 세계 곳곳의 미전도 종족들에게 복음의 빛이 비치길 간절히 기도하라. 땅 끝까지 복음이 퍼져 나가는 역사의 촉매로 써 주시길 요청하라.

그룹 토의

서로 대화하면서 다음 질문들을 비롯해서 모임에 도움이 된다고 판단되는 문제의 답을 찾아보라. 관련된 자료가 있다면 함께 나누어도 좋다.

래디컬 투게더

1. 그리스도인으로서 어떻게 하면 아직 복음을 듣지 못한 이들에게 죄 사함과 구원의 기쁜 소식을 전하며 살 수 있겠는가? 교회의 리더라면 어떤 영향을 미칠 수 있겠는가?

2. 지금 출석(목회)하는 교회는 모든 민족으로 제자를 삼으라는 예수님의 명령에 어떻게 순종하고 있는가? 또는 어떤 점에서 불순종하고 있다고 생각하는가?

3. 어떻게 교회(사역)가 복음을 듣고 주님을 모르는 민족에게 가는 사역에 우선순위를 두도록 인도할 수 있는가?

4. 미전도 종족에게 초점을 맞추도록 이끌 때, 교회 안에서 어떤 난관에 부닥칠 것이라고 생각하는가? 그러한 장애물을 가장 잘 처리할 수 있는 방법은 무엇인가?

5. 미전도 종족에게 초점을 맞추도록 이끌 때, 교회 바깥에서 어떤 난관에 부닥칠 것이라고 생각하는가? 그러한 장애물을 가장 잘 처리할 수 있는 방법은 무엇인가?

아이디어 브레인스토밍

다음 질문에 답하고 거기서 나온 아이디어들을 정리하여 목록을 만들라.

- 어떻게 하면 교회가 특별한 뜻을 품고 성도들을 격려해서 복음

을 들고 미전도 종족에게 가도록 동기를 부여할 수 있겠는가?

- 지금 같은 동네에 사는 외국인들에게 복음을 전할 방법을 찾아 보라. 어떻게 하면 좋겠는가?

실행 방안 : 머리에서 손발로

브레인스토밍에서 나온 아이디어 가운데 지금 당장 실행에 들어 갈 수 있는 의견이 있는가? 프로젝트를 진척시키기 위해 어떤 단 계를 밟아야 하는가? 마음을 모아 그 과정을 밟으라. 연구하고, 계획을 세우고, 서로 격려하라(당장 해외로 달려가고 싶은 마음이 들 수 도 있다!)

닫는 기도

"각 나라와 족속과 백성과 방언에서 아무도 능히 셀 수 없는 큰 무리"를 구원하여 함께 경배하게 하시려는 거룩한 계획을 세워 두신 하나님을 찬양하라. 그리고 그 계획의 한 부분을 감당하게 하신 주님께 감사하라.

래디컬 투게더

하나님의 영광을 소망하며

핵심 아이디어 그리스도인들은 자아를 내려놓고 자기본위적인 하나님을 따라가는 제자들이다.

오직 하나님의 영광을 위해 존재하며, 주님 또한 주의 영광을 위해 존재할 따름이다. 온 교회가 하나 되어 그리스도께 급진적으로 순종하는 비결은 너나없이 자신을 겸손히 낮추고 하나님을 높이는 마음가짐에 있다. 오로지 주님을 위해 살며 그분 없이는 존재하지 못하는, 처절하리만치 무기력한 하나님의 자녀로 자신을 파악할 수 있어야 비로소 세상을 향한 거룩한 목표, 즉 땅 끝까지 복음을 선포하며 영광을 드러내고자 하시는 뜻을 이루기 위해 가진 걸 다 쏟아부을 의지가 생기기 때문이다.

말씀의 터

자기중심적인 제자가 되어 스스로 만들어 낸 자아가 없는 주님을 섬기려 드는 경우가 얼마나 많은지 모른다. 진실을 정반대로 뒤집어서 마치 하나님이 인간을 섬기고 높이기 위해 존재하는 것처럼 몰아간다. 이보다 더한 오류가 또 있을까 싶다.

그리스도인은 안락하고 안전한 삶을 추구하도록 부름받았는가? 그렇지 않다. 주님을 좇으려면 마땅히 십자가를 져야 한다. 마태복음 10장 37-39절을 읽으라.

그럴 만한 자격이나 공로가 있다 싶어서 자녀들에게, 또는 자녀들을 통해 하나님이 엄청난 은혜를 베푸시는가? 천만에 말씀이다. 오로지 하나님 자신의 거룩한 이름을 높이 드러내시려고 거룩한 백성을 통해 일하실 뿐이다. 에스겔서 36장 22-23절을 읽으라.

여는 기도

스스로 우주의 중심에 서려는 인간 본성에 굴복했던 일들을 하나님께 고백하고 용서를 구하라. 하나님의 영광에 가장 큰 우선순위를 두는 삶을 확산시켜 가도록 소그룹 멤버들과 한마음으로 기도하라.

그룹 토의

서로 대화하면서 다음 질문들을 비롯해서 모임에 도움이 된다고 판단되는 문제의 답을 찾아보라.

1. 저마다 삶을 돌아보라. 자신에 대해 죽는다는 말은 무슨 뜻인가?
   각자 발휘하는 리더십에는 어떤 의미를 갖는가?

2. 하나님 중심적이 될 때 삶은 어떻게 달라지는가? 각자 발휘하
   는 리더십에는 어떤 변화가 나타나는가?

3. 교회(사역)를 이끌고 있다면, 지금 당장 하나님의 초자연적인
   권능을 힘입지 않고는 절대로 달성할 수 없는 목표가 있는가?
   어떤 일인가?

4. 자신과 교회를 살펴보라. 어떤 식으로 자아를 내려놓고 자기중
   심적인 하나님을 따라가고 있는가?

5. 자기중심적인 제자가 되어 자아가 없는 주님을 섬기려 드는 경
   우는 없는가?

6. 기도를 삶의 본질적인 요소로 보는가, 아니면 곁가지로 보는가?
   리더십의 영역에서는 어떠한가? 교회는 어떠한가?

7. 교회의 비전을 두고 성도들은 어떤 생각을 가지고 있을 것 같
   은가? 어떤 마음을 품어 주길 기대하는가?

아이디어 브레인스토밍

다음 질문에 답하고 거기서 나온 아이디어들을 정리하여 목록을
만들라.

- 어떻게 하면, 하나님의 영광을 드높이는 비전을 공유하도록 교회(사역)를 이끌어 갈 수 있는가?
- 어떻게 하면, 기도를 통해 하나님의 권능에 더 철저하게 의지하도록 교회(사역)를 이끌어 갈 수 있는가?

실행 방안 : 머리에서 손발로

브레인스토밍에서 나온 이야기들을 정리하라. 교회(사역)가 하나님의 영광을 구하는 것을 최우선 순위로 두는 데 도움이 될 만한 최고의 아이디어를 실행에 옮기도록 구체적인 실행 방안을 마련하라.

첫째 마당부터 지금까지 세운 활동 계획들을 점검하고 현재 상태를 평가하라. 순조롭게 목표에 도달하기 위해 더 신경 써야 할 부분은 없는가?

「래디컬 투게더」에서 제시하는 이슈들을 계속해서 발전시키길 원하는가? 그렇다면 어떤 노력이 필요하겠는가?

닫는 기도

전능하신 하나님을 있는 그대로 찬양하고 경배하는 시간을 가지라.

프롤로그

1. 2010년 가을, 브룩힐즈교회에서 열린 시크리트처지(Secret Church) 집회 기간 동안 여러 교리들을 두루 다루는 프로그램을 마련한 적이 있었다. 그때 다섯 시간에 걸쳐 기본적인 교회론을 공부했다(www.secretchurch. org에서 확인할 수 있다). 청취자를 위한 가이드(시크리트처치 웹사이트에서 다운로드가 가능하다) 말미에는 교회에 관한 교리를 공부하는 데 도움이 될 만한 참고 서적 목록을 올려 두었다. 아울러, 마크 데버(Mark Dever), 「건강한 교회의 9가지 특징」(*Nine Marks of a Healthy Church*), (Wheaton, IL : Crossway, 2004)와 www.9marks.org에 수록된 자료들도 살펴보길 강력하게 추천한다.

chapter 01

2. "Giving Research," Empty Tomb, http://www.emptytomb.org/ fig1_07.html; John Ronsvalle and Sylvia Ronsvalle, *The State of Church Giving Through 2003*, 15th ed.(Champaign, IL : Empty Tomb, 2005), p.104.

chapter 03

3. 브레이너드(Brainerd)의 본보기에 따라 이 기도를 드려야겠다는 마음을 심어 준 존 파이퍼(John Piper) 목사에게 고마움을 전한다. John Piper, "Making a Difference by Fire," *Desiring God*, October 2, 1989, http://www.desiringgod.org/resource-library/taste-see-articles/making-a-difference-by-fire

4. 월터 카이저(Walter C. Kaiser Jr.), "The Crisis in Expository Preaching Today," *Preaching*(September–October 1995) : p.6, www.preaching.com/resources/articles/11565532/page-2/.

chapter 04

5. 데이비드 플랫(David Platt), 「래디컬」(*Radical : Taking Back Your Faith from the American Dream*), (Colorado Springs : Multmomah, 2010), pp.48-50.

6. 새 식구를 대상으로 한 브룩힐즈교회의 제자화 훈련 계획(샘플)은 교회 웹사이트, www.brookhills.org/new/impact.html.에서 확인할 수 있다. "Get Homework Assignment #3"을 클릭하라.

7. Paul Hattaway, Brother Yun, Peter Xu Yongze, and Enoch Wang, *Back to Jerusalem : Three Chinese House Church Leaders Share Their Vision to Complete the Great Commission*(Waynesboro, GA : Gabriel Publishing, 2003), p.64, p.108, pp.133-134.에서 인용.

chapter 05

8. 조지 앨든 래드(George Eldon Ladd), 「하나님 나라의 복음」(*The Gospel of the Kingdom : Scriptural Studies in the Kingdom of God*), (Grand Rapids : Eerdmans, 1959), p.123.

9. 이스라엘에게 베푸신 축복(창 12:1-3, 28:14), 종살이(신 4:5-6, 왕상 4:34),

포로로 끌려감(겔 36:22-23, 단 3:29, 6:26), 복음을 선포하라는 예수님의 명령(눅 24:47, 행 1:8), 교회 이야기(행 26:16-18, 28:28), 커다란 포부(롬 15:20).

10. 요한계시록 5장 9-10절도 살펴보라.

11. 래드(Ladd), 「하나님 나라의 복음」(*The Gospel of the Kingdom*), p.137.

chapter 06

12. 기꺼이 목숨을 내놓고 하나님을 기쁘시게 함(마 10:37-39, 눅 9:57-62, 14:25-33), 주님의 영광을 선포함(사 40장, 시 96편), 하나님 자신의 영광을 보이심(시 19:1-4, 148-150장), 모든 찬양을 받기에 합당하신 분(계 19:1-10), 모든 민족으로부터 모든 찬양을 받으실 만한 분(겔 36:22-23).

13. 코트니 앤더슨(Courtney Anderson), 「아도니람 저드슨의 생애」(*To the Golden Shore : The Life of Adoniram Judson)*, (Valley Forge, PA : Judson, 1987), p.83에서 인용.

14. 사도행전 2장은 사도행전 1장의 결과, 4장 4절은 3장 1절의 결과, 4장 31절은 4장 29절의 결과, 6장 7절은 6장 3-4절의 결과, 8장 1-4절은 7장 59-60절의 결과, 9장 18절은 9장 13절의 결과, 10장 47-48절은 10장 9절의 결과, 16장 33절은 16장 25절의 결과.

15. 에이든 토저(A. W. Tozer), 「하나님을 바로 알라」(*The Knowledge of the Holy : The Attributes of God ; Their Meaning in the Christian Life*), (New York : Harper, 1961), p.34.

마음속에 불을 붙이는 책이다

전작 「래디컬」의 재탕이 아닐까 내심 걱정했던 마음이 완전히 빗나갔다.

제니퍼 맥일웨인 Jennifer C. Mcilwain

유일한 불만은 책이 너무 짧다는 것. 결코 내용이 얕거나 부족해서가 아니라 반대로 너무 좋아서 더 많이 읽고 싶어서이다. 교회 식구들과 읽으면서 어떻게 래디컬한 삶을 살 것인지 함께 고민해야 할 책이다.

크리스토퍼 호튼 Christopher R. Horton

지난 몇 해 동안 이보다 나은 저자를 본 적이 없다.

브라이언 리드 Bryan E. Leed

온전히 래디컬하게 살 수 있는 분은 오직 예수님뿐임을 더욱 깨닫는다.

매튜 로빈스 Matthew Robbins

데이비드 플랫은 브룩힐즈교회를 "가서 제자 삼으라"는 예수님의 명령을 따르는 본보기로 삼았다. 그는 순종했고 다른 선택은 없었다.

제니 안 Jenny Anne

나의 정체성과 앞으로 내가 할 수 있는 일들을 생각할 수 있었다. 감사하다.
큰 힘을 얻었다.
리차드 버키 Richard Burkey

나도 그와 같은 교회의 일원이 되고 싶다. 우리에게 필요한 것은 이제껏 우
리 교회의 모습과 완전히 다른 삶이다.
샘 올 굿 SamAllgood

「래디컬」이 개인을 바꾸었다면, 「래디컬 투게더」는 교회를 바꿀 것이다.
존 가드너 John Gardner

이불을 박차고 일어나 정말 믿는 자처럼 살 도전을 받을 준비가 되었나?
PB

당신이 속한 교회가 하나님이 주신 가장 중요한 미션을 어떻게 구현해야 할
지 모른다면, 「래디컬 투게더」를 읽어야 한다.
제레미 런드마크 Jeremy J. Lundmark

다 알고 있지만 실천에 옮기지 못했던 마음속 진실에 불을 붙이는 책이다.
마이클 리 Michael Lee

비행 중에 몇 장 읽어 볼까 하고 샀던 책을 목적지에 도착하기 전에 다 읽고
말았다. 이 책은 지난 수년간 다양한 책과 저자를 통해, 그리고 내가 경험
한 모든 선교 여행을 통해 하나님이 내게 하신 말씀의 핵심을 담고 있다.
펜걸 penngirl28

별 다섯 개를 준다. 전 세계 목회자와 리더들이 읽어야 할 책이다.

아이혼 Ihorn3

이 책이 좋은 이유는 새로운 '교회 프로그램'을 권하고 있지 않기 때문이다. 저자는 크리스천답게 사는 것에 대한 우리 생각을 180도 바꾸라고 말한다. 그는 혁신적으로 생각하라고 강요하지 않지만, 우리 시대 교회는 그의 메시지를 래디컬하게 받아들일 수밖에 없다.

스티브 영 Steve Young

교회를 겨냥한 데이비드 플랫의 두 번째 책은 지금 당장 미국 교회에 필요한 말들만 담겨 있다. 데이비드 플랫은 마치 내 교회와 성도들의 모습을 다 아는 것처럼 말한다.

목회자 애쉬턴 Pastor Ashton

혼자 힘으로 무언가를 이루려 할 때가 많지만, 우리는 함께 일하도록 지음 받았다. 우리는 교회 건물이나 프로그램에 의지할 것이 아니라 교회 자체가 되어야 한다.

데릭 J. 버그 Derek J. Berg

역시 데이비드 플랫은 나를 재점검하여 다시금 주님께 집중하게 한다. 「래디컬 투게더」는 기독교의 '기본'으로 돌아가게 하는 그의 또 다른 걸작품이다.

키이스 W. 링커스 Keith W. Linkous

교회가 어떻게 하면 가장 소중한 것을 하나님 영광을 위해 내드릴 수 있을까. 이 책이 넌시는 화두나.

브래들리 프리들린 Bradley D Friedlein

아마존 독자들의 찬사

「래디컬 투게더」는 믿음의 공동체인 교회의 래디컬한 삶을 다룬 책이다.
jmoranxa

도전받을 준비를 하라. 이 책은 결코 쉽지 않다. 책을 덮을 때는 선택을 해야 하기 때문이다. 편안함을 벗어던지고 그리스도의 헌신된 제자가 되겠는가? 아니면 우리의 계획과 소유물을 더 굳건히 잡고 놓지 않을 텐가? 데이비드 플랫은 자기 내면의 갈등과 씨름에 대해서도 솔직하게 털어놓는다.
써니B SunnyB

왜 나를 포함한 많은 그리스도인들은 하나님이 말씀하시는 성공이 세상의 눈으로는 화려해 보일 수 없다는 사실을 종종 잊을까. 저자는 이 점을 주지시키는 데 성공했다.
마이크 Mike

「래디컬 투게더」를 읽기 위해 여러 달을 기다린 보람이 있다! 전작 「래디컬」을 읽으면서 반은 좋고 반은 싫었다. 내 안의 이기심과 우상 숭배가 드러났기 때문이다. 하나님의 나라 전파보다는 나의 안위와 행복을 좇는 나 자신을 직면할 수밖에 없었다. 나는 교회에 헌신했지만, 사실 대부분 나 혼자만을 위한 삶을 살아왔다는 것을 알게 되었다.
N. 디믹 N. Dimmick

데이비드 플랫의 첫 작품 「래디컬」을 좋아했다면, 「래디컬 투게더」도 반드시 좋아할 것이다.
리처드 히긴스 Richard J. Higgins